一流ランナーは必ずやっている！

最高のランニングケア

悩み別 予防ストレッチ＆トレーニング

フィジカルトレーナー
中野ジェームズ修一 監修
佐藤基之 著

KANZEN

はじめに

自分の体をよく知ることが〝最高のランケア〟の第一歩

マラソンブームといわれて久しく、すっかりマラソン文化として定着し、ランニング人口が増えているように思います。その要因の1つに、ランニングが手軽なスポーツだという側面があるでしょう。シューズさえあれば、今すぐにでも走り始めることができます。

しかし、その手軽さの一方で、ケガをしやすいスポーツであることも事実です。多くのランナーが何らかの故障（スポーツ障害、ランニング障害などとも言います）を経験していますし、今なお故障を抱えながら走っているランナーも多いと聞きます。例えば、ベテランランナーの方であれば、走り過ぎが原因で故障をしますし、ビギナーランナーの方でも、筋肉が未発達のう

ちに、走行距離を延ばしたり、ハードな練習をしたりして、ケガをしてしまうことがあります。また、自分の足に合わないシューズを履いていても、様々な筋肉や関節に負担がかかり、ケガをしてしまいます。

多くの故障は、じつはきちんとした対処をすれば未然に防ぐことができます。それには、無理をしないことや、ストレッチや筋力トレーニングなどの「ランニングケア」が重要となります。

人によって、身体的な能力の差がありますし、骨格も違うので、ケガをしやすい部位は人それぞれ。ケガをしやすい部位や、走った後に違和感や張りが出やすい部位などは、自分の体に敏感になればわかってくるはずです。故障をしにくい人ほど、自分を知っていますし、ケアへの意識も高いようです。

また、ケアをすることは、ただ障害を予防するだけでなく、次の練習への準備でもあります。積極的に行い習慣化できれば、長くランニングを楽しめるでしょう。

この本は、逆引き辞書のような構成になっています。各部位ごとに、想定される障害名、その原因、症状、予防ストレッチ、または予防トレーニングを紹介しています。全部のページを読む必要はありませんので、過去に故障をしたことがある箇所や、違和感や痛みが出たときには、その部位のページをめくってみてください。

ただし、この本で紹介しているのは、あくまでも対処療法で、治療ではありません。痛みが続くときは、必ず医者の診断を受けてください。

一流ランナーは必ず〝最高のランニングケア〟を行っています。記録更新を狙ってトレーニングに励んでいる人は、視点を変えてケアの大切さに目を向けることで、ワンランク上のランナーを目指すことができるはずです。

ケガさえしなければ、ランニングは年齢を重ねても楽しむことができる生涯スポーツです。70歳になっても80歳になっても走り続けているランナーがおり、過去の東京マラソンでは90歳の方が完走されたこともありました。この本が、皆さんの長いランニングライフのお役に立つことができれば幸いです。

中野ジェームズ修一

Contents

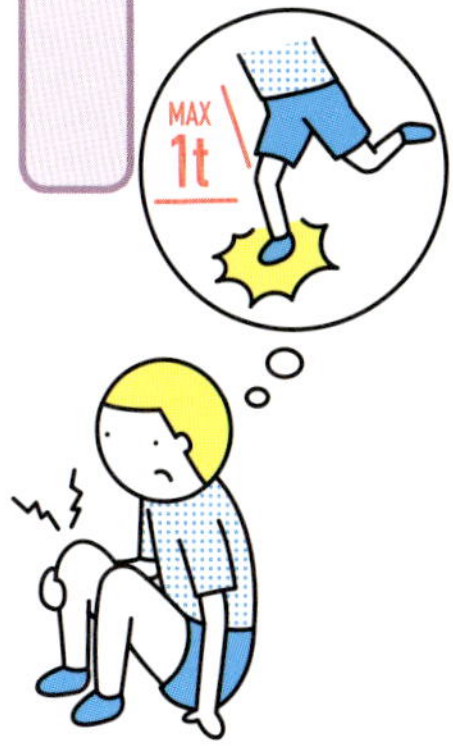
MAX
1t

AM
7:00

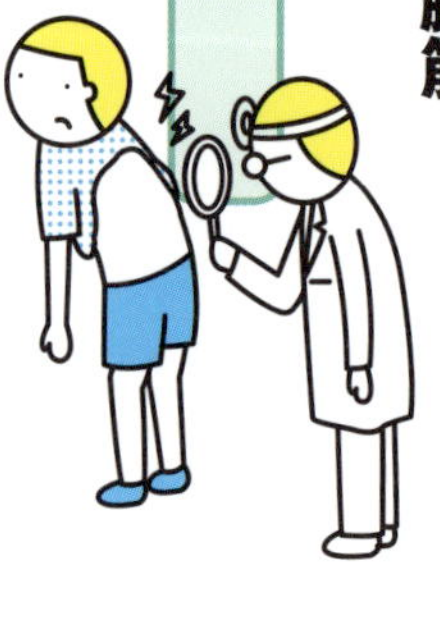

ブチっ

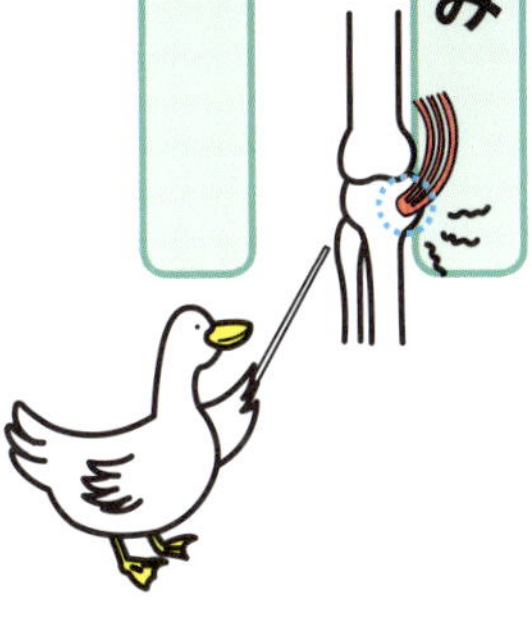

本書の使い方

カルテで痛みの症状・原因を知り、痛みの予防に有効なストレッチ、筋力トレーニングを行うことが、ケガをしないためのランニングケアになります。

カルテ 「痛み別」に悩みの症状を解説していきます。

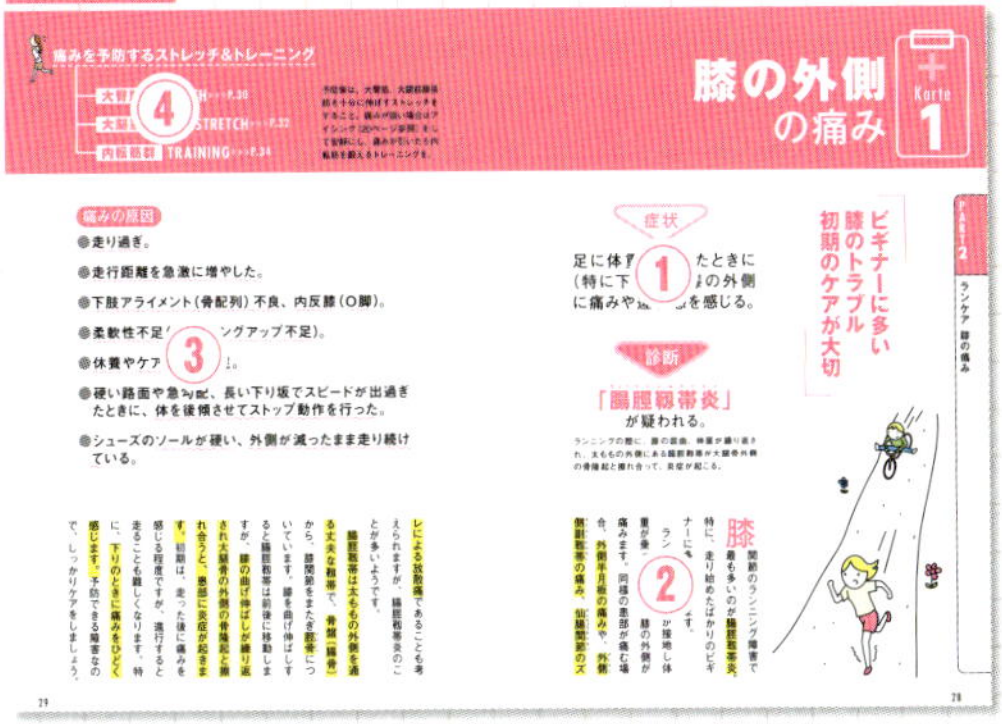

①痛みの症状

「痛み別」に悩みの症状を解説していきます。

②痛みの対処策

痛みの特徴や対処策を解説します。

③痛みの原因

考えられる痛みの原因を紹介します。

④痛みを予防するストレッチ&トレーニング

鍛えたほうがいい筋肉名とストレッチ&トレーニングページを紹介します。

予防ストレッチ 痛みの予防に有効なストレッチの方法を紹介しています。

⑤伸ばす筋肉名

⑥筋肉の場所

⑦動きのポイント

実際にトレーニングする際のポイントを紹介します。

⑧NG例

このような姿勢にならないように、という悪い例を紹介しています。

⑨アレンジの仕方

体が固い人でもできるアレンジ法や、クッションやポールを使った方法を紹介します。

予防トレーニング 痛みの予防に有効な筋力トレーニングの方法を紹介しています。

⑩鍛える筋肉名

⑪筋肉の場所

⑫動きのポイント

実際にトレーニングする際のポイントを紹介します。

⑬NG例

このような姿勢にならないように、という悪い例を紹介しています。

ケガに強い体を作るために鍛えたい筋肉を知ろう!

予防ストレッチで伸ばしたい筋肉、予防トレーニングで鍛えたい筋肉の場所をしっかりおさえておこう。

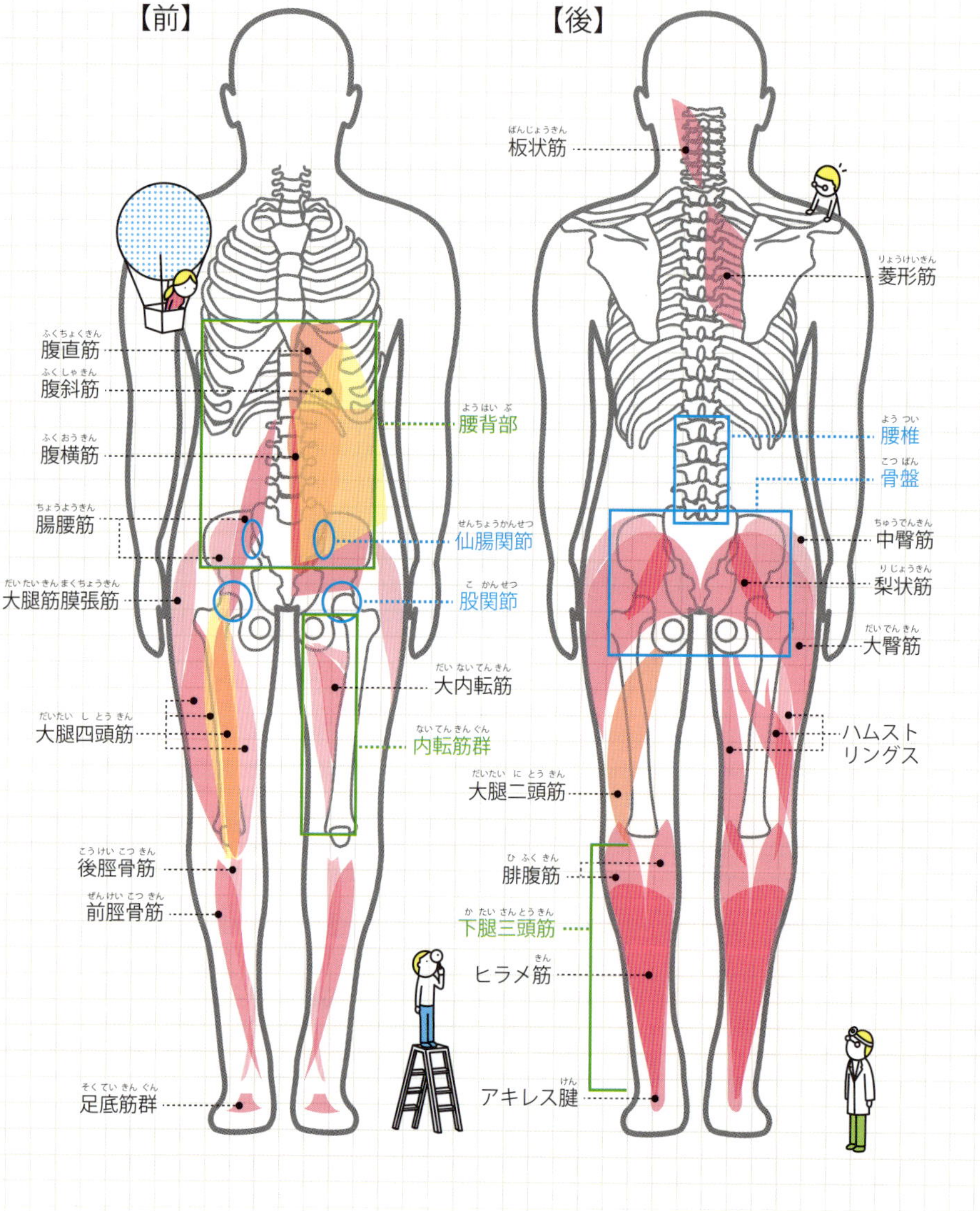

PART

1

「ランケア」を知る

一流ランナーが必ず行っている“最高のランニングケア”とは？
ケガに強い体を作るためのポイントを解説。

静的ストレッチは なぜケガの予防になるのか？

ストレッチには「静的ストレッチ」「動的ストレッチ」などがありますが、今回紹介するストレッチのほとんどは、反動を使わずに筋肉をゆっくり伸ばす静的ストレッチです。

筋肉は運動やその他の原因でも疲労で硬くなります。筋肉が硬くなると、周囲にある毛細血管などが圧迫されて血行不良となり、酸素や栄養素が筋肉に行き渡りにくくなります。それゆえ、痛みや不快感を覚え、放置すると故障や障害につながってしまいます。これを解決する方法のひとつがストレッチです。運動後にストレッチをすることで、筋肉の疲労回復をスムーズにし、血行を促進させます。また、続けていくことで柔軟性が増し、関節の可動域も広がります。だから、ストレッチをするとパフォーマンス向上だけでなく

スポーツ障害の予防にもなるのです。

ストレッチは誰でも簡単にできますが、一方で注意すべきこともあります。1つは、〝痛い〟と感じるほど過剰な力をかけて伸ばさないこと。瞬間的に伸ばそうとすると、反射的に筋肉は縮もうという反応（伸張反射）が起き、かえって柔軟性が失われます。気持ちがいいと思える範囲内で伸ばしましょう。もう1つは、運動後や風呂上がりなど筋肉の温度（筋温）が上がった状態で行うこと。準備運動でストレッチをする人は多いと思いますが、じつは体が温まっていない状態でするのは効率的ではありません。また、長距離を走った後やハードな練習の後は筋肉が損傷しており、さらに悪化させてしまう恐れがあるので、アイシングを優先し、ストレッチは翌日以降に持ち越しましょう。

筋力トレーニングは なぜケガの予防になるのか？

筋肉は成長する運動器です。運動器とは、筋肉や骨、軟骨、靱帯、腱など、運動をするための組織の総称ですが、その中で筋肉だけが、ダメージを受けると防御反応が働いて、以前より丈夫になろうとする超回復という現象が起きます。つまりは、走り込むと筋肉は着地衝撃を受けますが、その一方で新陳代謝が活発に起き、そこから回復し、より頑丈で強い筋肉に成長していくのです。

しかし、運動量に筋肉の発達が追いつかないと、筋肉が着地衝撃を吸収しきれず、軟骨や靱帯、骨など他の運動器が大きなダメージを受けてしまいます。それらは、筋肉のように鍛えることはできません。なので、それらがダメージを負うと、故障のリスクが高まってしまうのです。

そこで有効なのが筋力トレーニングです。ピンポイントで狙った筋肉を鍛えることができる上に、着地衝撃がないので靭帯や軟骨への衝撃も小さくて済み、安全に効率良く筋肉を強化できます。そして、筋肉という鎧を頑丈にすることで、軟骨や靭帯を衝撃から守ることもできるのです。

また、ランニングでは、関節の周りの筋肉強化によって関節の不安定さによって起こるブレやねじれを抑えます。筋トレすることは、よりハイレベルな練習に耐えるための〝脚作り〟にもなるのです。一般的に、筋肉の超回復は48〜72時間かかり、筋トレは2、3日おきにやるのが効果的と言われています。ランニング障害の予防になるだけでなく、パフォーマンスアップにもつながるので、何歳になっても、筋力トレーニングに取り組んでみてください。

アイシングは なぜケガの予防になるのか？

練習後のケアに、ぜひとも取り入れてほしいのがアイシングです。アイシングは文字通り冷やすことで、軽度の筋肉痛から捻挫や打撲、肉離れといったケガまで対応。あらゆる痛みの軽減になるだけでなく、早期回復させたり、重症化を防いだりするのにも役立ちます。また、ケガをしたときばかりでなく、筋肉の疲労回復にもなるので、ハードな練習や長い距離を走った後にもオススメ。過去にケガをしたことのある部位のケガの再発防止にもなり、アイシングは応用範囲が広く、万能の対処法と言われています。

「痛みを感じたときは、温めるべきか、冷やすべきか」。よくある質問ですが、温めるよりも、冷やすことのほうがデメリットは少ないと言われており、「迷ったときは冷やす」と答えてい

ます。

アイシングは治療行為ではないので、ケガをした場合は医師の診断を受けることが必要ですが、では、なぜアイシングがいいかを説明していきます。靭帯や筋肉などの細胞が損傷すると、細胞膜や毛細血管が傷つき、細胞液や血液が流れ出し、内出血が起きます。また、漏れ出た細胞液や血液が周りの傷ついていない細胞にまで浸透すると、健康な細胞までも死滅し、死んだ細胞が増えるほどケガの治りも遅れます。これをできるだけ早くストップさせる方法がアイシングです。患部を急速に冷やし圧迫させることで、細胞や血管が収縮し、細胞液や血液の流出を最小限に食い止めることができます。また、冷やすことで痛みを感じにくくもなります。1秒でも早く患部を冷やしましょう。

“2・2・2の法則”で患部を冷やす!

20分間、2時間おきに2日間冷やす

アイシングには「2・2・2の法則」というものがあります。これは肉離れなど重いケガをしたときの処置方法で、患部を20分間、2時間おきに2日間冷やし続けるという方法です。医師の診断を受けてから処置するようにしてください。

練習後のリカバリーが目的であれば、違和感のある箇所などを20分ほど冷やし続けるだけでも十分です。それでも痛みや違和感があるなら、2時間たってから再度20分間冷やしましょう。

アイシングの方法は、アイスバッグというひだ状の立体構造をした氷嚢を用います。形が変わるので、患部に密着させて冷やすことができます。もしくは、氷を砕いてジッパー付きのビニール袋などに入れ、アイスラップ(食品用のラップでも代用できる)で巻いて、患部を圧迫するのもいいでしょう。アイスバス(冷たい水風呂)に浸かるという方法もあります。いずれの方法も患部を20分間冷やすというのは共通事項です。また、簡易的なアイシングの方法として、ケーキなどを購入した際に付いてくる保冷剤を利用するのも手。ちょうど20分程度で解けるので便利です。捨てずに冷凍庫にストックしておきましょう。

アイシング用品。左上から時計回りに、アイスラップ、保冷剤（アイシング用のゲル、食品用）、砕いた氷を入れたジッパー付きビニール袋、アイスバッグ

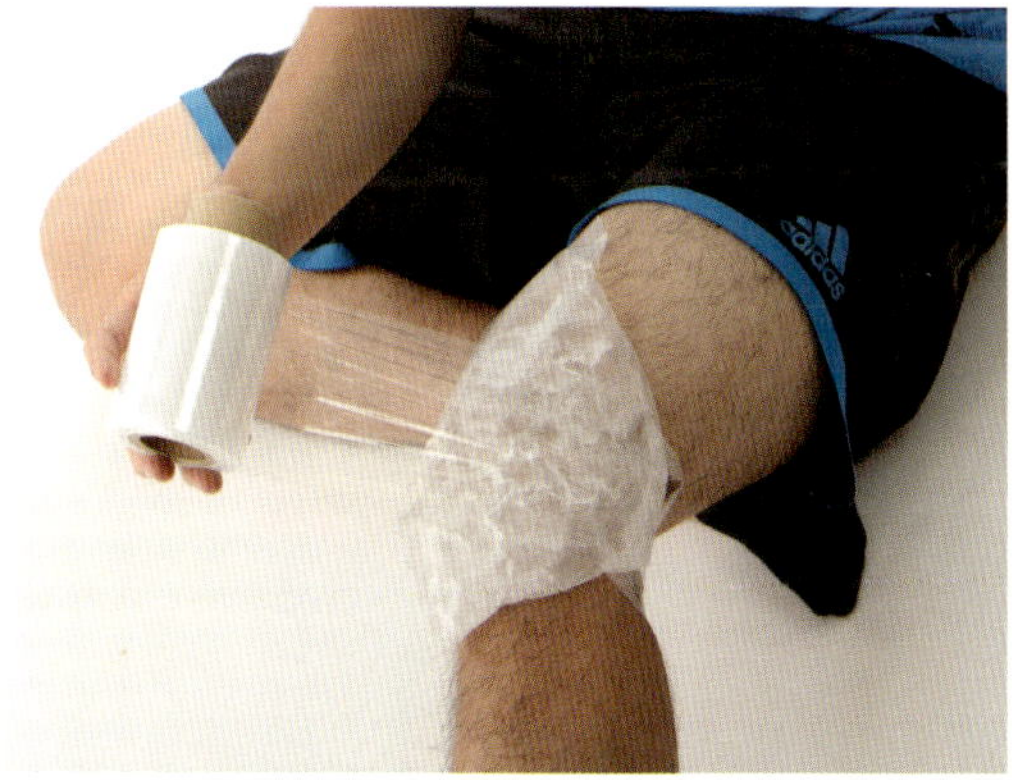

膝をアイシングする場合、砕いた氷を入れたジッパー付きビニール袋を患部に当て、その上からアイスラップをしっかりと巻いていく。アイスバッグでアイシングするのもよい。

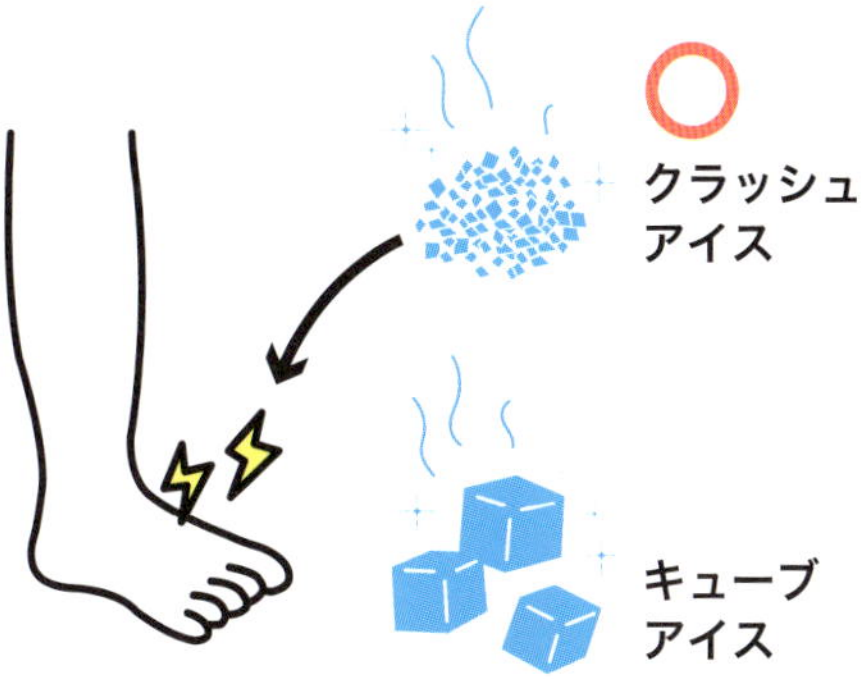

足部やアキレス腱など凸凹のある部位の痛みには、氷を細かく砕いたクラッシュアイスがオススメ。損傷部位によってある程度自由に形を変形させることができ、皮膚表面に密着させられるため、キューブアイスは比較的大きな面の部位（太もも前・後など）に活用するとよい。使いわけることでよりアイシング効果を得ることができる。

食事のバランスが悪いと ケガをしやすい？

日々のトレーニングの後には、食事、すなわち栄養をとることが大事。例えば、筋肉の大半はタンパク質で構成されており、筋力トレーニングをしても、材料となるタンパク質が足りないと筋肉は成長しません。つまり、筋トレの後にはタンパク質を含んだ食事が欠かせないのです。

しかし、タンパク質だけならプロテインなどサプリメントでとることができますが、基本的に栄養素は食事でとるべきだと考えています。バランスのよい食生活を心がければ、必要な栄養素はとれるからです。例えば、鉄分不足は貧血の原因になりますが、鉄分を体内に吸収するにはビタミンCなどのビタミン群が必要となります。また、筋力が力を発揮するには、エネルギー源となる糖質や脂質が必要です。カリウムやカルシウムな

どのミネラルが不足すると、脚がつる原因にもなります。結局、体を動かすのにも、筋肉を成長させるのにも、糖質、タンパク質、脂質の三大栄養素に加えて、ビタミン、ミネラル、食物繊維などをバランスよくとることが大事なのです。

そこで、私は食事を14品目に分けて考える手軽な方法を提唱しています。穀物類、豆・豆製品、魚介類、肉類、牛乳・乳製品、卵、果物、海藻類、キノコ類、イモ類、緑黄色野菜、淡色野菜、油脂、嗜好品を1日3食でとります。主食の穀物類は3食食べてもよいですが、それ以外は1日1回のみがルール。これを守れば、カロリーをとり過ぎない上に栄養バランスを整えられます。

RUNNING CARE

睡眠をとらないと ケガをしやすい？

運動の３本柱となるのは、トレーニング、栄養（食事）、そして休養です。パフォーマンスを上げていくには、これら３つのいずれも重要な要素です。このうち、休養、すなわち睡眠は、疲労を回復させるためにとても大切なこと。睡眠なくして回復はありえないと言っても過言ではないでしょう。「走る時間がないから、睡眠の時間を削って走っている」などという話も聞きますが、それではランニングが苦行のようなものになってしまいます。睡眠を十分にとらないと当然回復が遅れますし、パフォーマンスの低下にもなります。また、集中力も低下するので、ちょっとした段差につまずくなど、思わぬケガにつながる恐れもあります。

睡眠の質を上げるためには食事の内容や時間を考えるのも大

切なことです。例えば、脂質が多い食品は消化に時間がかかるので夜は控えたり、消化のいいものを食べたりしましょう。また、就寝直前に食事をすると、寝ている間中、胃腸が働き続け、体が休まりません。就寝直前のアルコールも避けるようにしましょう。睡眠は「8時間以上とりましょう」と言われることが多いですが、それには科学的な根拠はありません。「何時間以上睡眠をとるべき」というのは人それぞれで、個人差が大きいようです。かえって寝付けなくなったり、眠りが浅かったりしてしまうので、「○時間寝なければいけない」という観念にとらわれ過ぎないようにしましょう。これも、睡眠の質を上げるコツです。

COLUMN 1

ウォーミングアップは体を温めること静的ストレッチはNG！

いきなり激しい運動を始めると、筋肉を痛めてしまう恐れがあります。ケガ予防のためにもウォーミングアップは大事です。ランニング前の準備運動として、静的ストレッチをしている方をよく見かけますが、じつは、ここに間違いが潜んでいるのです。

ウォーミングアップは、文字通り体を温めること。運動前は脳や内臓などに多くの血液が巡っており、各筋肉には十分な血液（酸素や栄養分も含んでいる）が巡っていません。そんな状態でいきなり本格的な運動を始めると、体に過剰な負担がかかってしまいます。そこで、ウォーミングアップをして、運動前に筋肉の温度（筋温）を上げることで血液の循環をよくしておくのです。

一方、柔軟性を高めることが目的である静的ストレッチはウォーミングアップには適しません。筋温が低い状態の筋肉は粘性が高く伸びにくいので、それを無理に伸ばそうとすると、かえって硬くなる恐れがあります。ウォーミングアップは軽いジョギングでOK。最低でも15分。特に冬場は、体がぽかぽか温まった感覚が得られてから本練習に入りましょう。また、体の動きを滑らかにする動的ストレッチを取り入れるのもオススメです。

PART

2

ランケア
膝の痛み

初心者に一番多いのが膝の痛み。
膝周辺のトラブルを防ぐ予防ストレッチ＆トレーニングを紹介！

Karte 1

膝の外側の痛み

「ビギナーに多い
膝のトラブル
初期のケアが大切」

症状

足に体重を乗せたときに（特に下り坂）、膝の外側に痛みや違和感を感じる。

診断

「腸脛靭帯炎《ちょうけいじんたいえん》」が疑われる。

ランニングの際に、膝の屈曲、伸展が繰り返され、太ももの外側にある腸脛靭帯が大腿骨外側の骨隆起と擦れ合って、炎症が起こる。

膝関節のランニング障害で最も多いのが腸脛靭帯炎。特に、走り始めたばかりのビギナーに多く見られます。

ランニング時に足が接地し体重が乗ったときに、膝の外側が痛みます。同様の患部が痛む場合、外側半月板の痛みや、外側《がいそく》側副靭帯《そくふくじんたい》の痛み、仙腸関節《せんちょうかんせつ》のズ

痛みを予防するストレッチ&トレーニング

大臀筋 STRETCH ▶▶▶P.30

大腿筋膜張筋 STRETCH ▶▶▶P.32

内転筋群 TRAINING ▶▶▶P.34

予防策は、大臀筋、大腿筋膜張筋を十分に伸ばすストレッチをすること。痛みが強い場合はアイシング(20ページ参照)をして安静にし、痛みが引いたら内転筋を鍛えるトレーニングを。

痛みの原因

- 走り過ぎ。
- 走行距離を急激に増やした。
- 下肢アライメント(骨配列)不良、内反膝(O脚)。
- 柔軟性不足(ウォーミングアップ不足)。
- 休養やケア、筋力不足。
- 硬い路面や急勾配、長い下り坂でスピードが出過ぎたときに、体を後傾させてストップ動作を行った。
- シューズのソールが硬い、外側が減ったまま走り続けている。

レによる放散痛であることも考えられますが、腸脛靭帯炎のことが多いようです。

腸脛靭帯は太ももの外側を通る丈夫な靭帯で、骨盤(腸骨)から、膝関節をまたぎ脛骨《けいこつ》についています。膝を曲げ伸ばしすると腸脛靭帯は前後に移動しますが、膝の曲げ伸ばしが繰り返され大腿骨の外側の骨隆起と擦れ合うと、患部に炎症が起きます。初期は、走った後に痛みを感じる程度ですが、進行すると走ることも難しくなります。特に、下りのときに痛みをひどく感じます。予防できる障害なので、しっかりケアをしましょう。

Karte 1

膝の外側の痛み

予防ストレッチ①

大臀筋《だいでんきん》

STRETCH

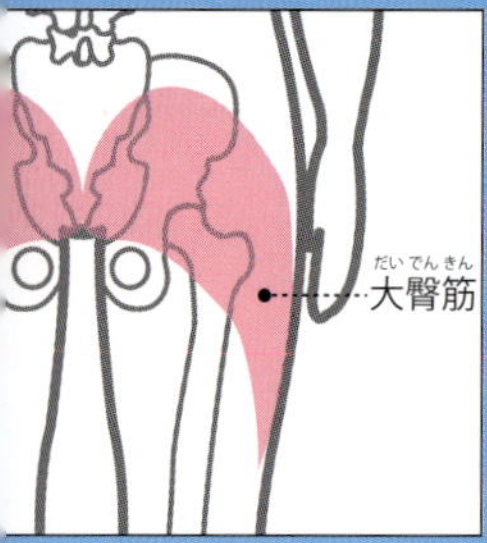

1 床に座って片方の脚を持ち上げる

2 持ち上げた脚を体に引き寄せる

あぐらをかくように座った姿勢から、片方の脚を持ち上げて、脛が床と平行となるようなイメージで、両腕で抱えてキープする。もう一方の脚も同様に行う。

追加で行いたい予防トレーニング
中臀筋 …P.54

3 持ち上げた脚をさらに持ち上げる

可能であれば、さらに片手で脚を持ち上げて、息を吐きながら顔のほうへ近づける。高く持ち上げることで、伸びる範囲が広がる。

POINT
背筋をしっかり伸ばす

NG 引き寄せるときに背中を丸めない

脚を体のほうに近づけるときに背中が丸まってしまうと正しく伸ばせない。

この姿勢で30秒 左右

簡単アレンジ編 体が硬い人向け

クッションをお尻の下に敷いて仰向けになる。両脚ともに膝を曲げ、片方の脚の太ももの上にもう一方の脚をおく。上の脚の脛を持ち、胸に引き寄せてキープする。もう一方も同様に行う。

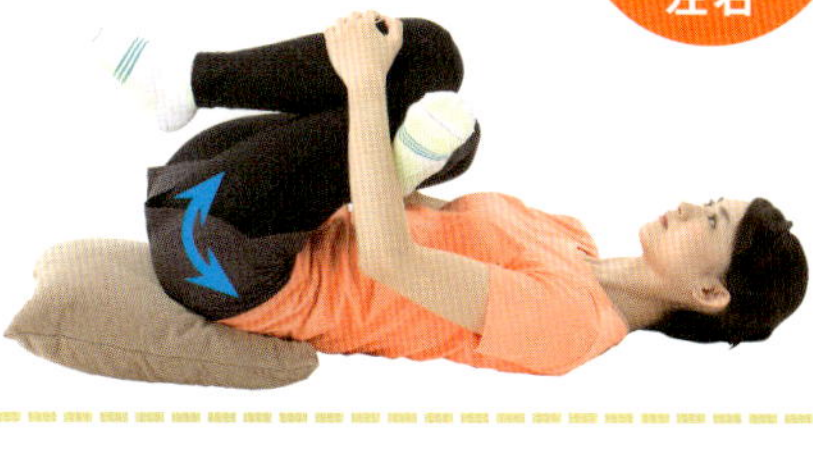

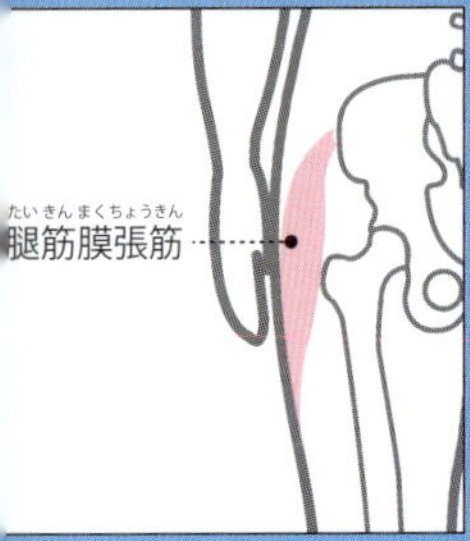

予防ストレッチ②
大腿筋膜張筋《だいたいきんまくちょうきん》

STRETCH

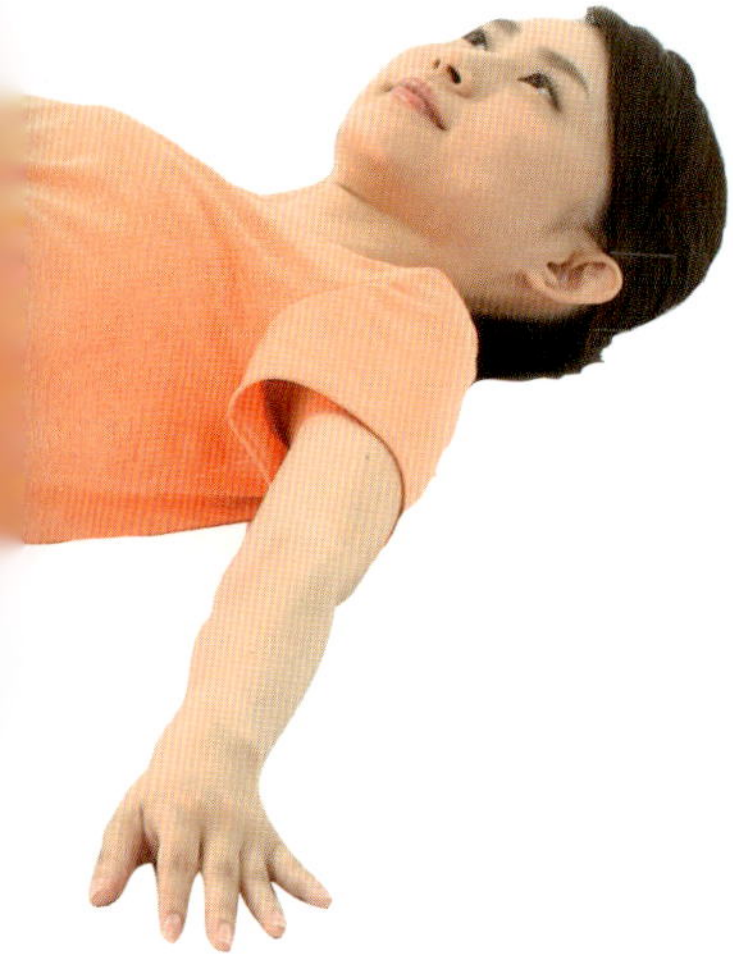

1 タオルを足にかけて脚を上方に伸ばす

仰向けになり、片方の足にタオルをかけて、そのまま脚を上方に向けて伸ばす。伸ばしたほうの脚とは逆の手でタオルを持つ。

2 伸ばした脚を倒す

タオルを引っ張りながらタオルを持った手の方向に向けて、伸ばした脚を倒していく。片脚が終わったら、もう一方も同様に行う。

この姿勢で**30**秒 左右

簡単アレンジ編 体が硬い人向け

椅子の背もたれをつかみ、両脚を交差させる。後ろ側の脚を、足部の外側を地面に着けて伸ばす。前側の脚は足裏を地面に着けてキープする。もう一方も同様に行う。

POINT
椅子や壁を補助にする

この姿勢で**30**秒 左右

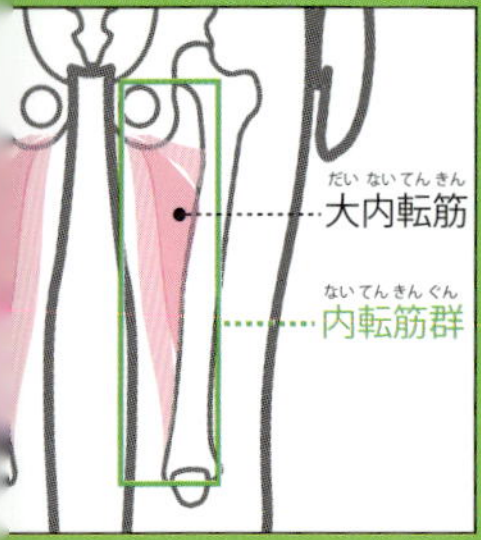

予防トレーニング
内《ない》転《てん》筋《きん》群《ぐん》
TRAINING

1 横向きになり体を安定させる

横向きになり、上側の脚の膝を立て足裏は床に着ける。下側の脚はまっすぐ伸ばす。上体は、両手を床に着いて安定させる。

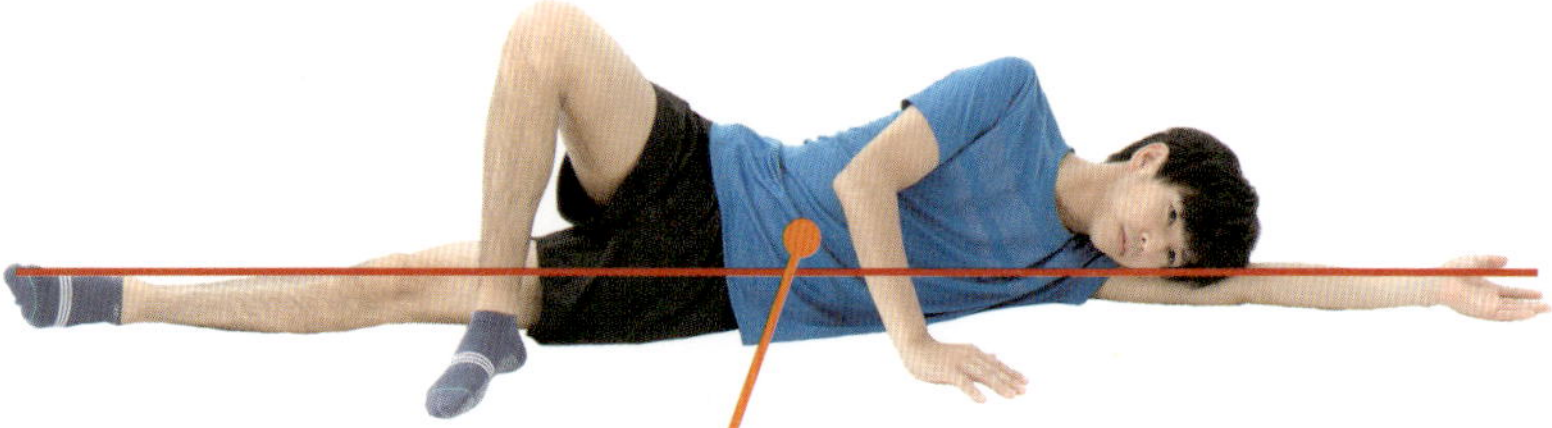

POINT
上体をしっかりと起こし体を安定させる

NG 上体が倒れると効果が出ない

上体が倒れてしまうと、効果的な動作が得られない。

2 伸ばした脚を上下させる

1の状態から、伸ばしたほうの脚を上下させる。左右20回ずつ行う。

POINT
4秒かけて上げて静止
4秒かけてゆっくり下ろす

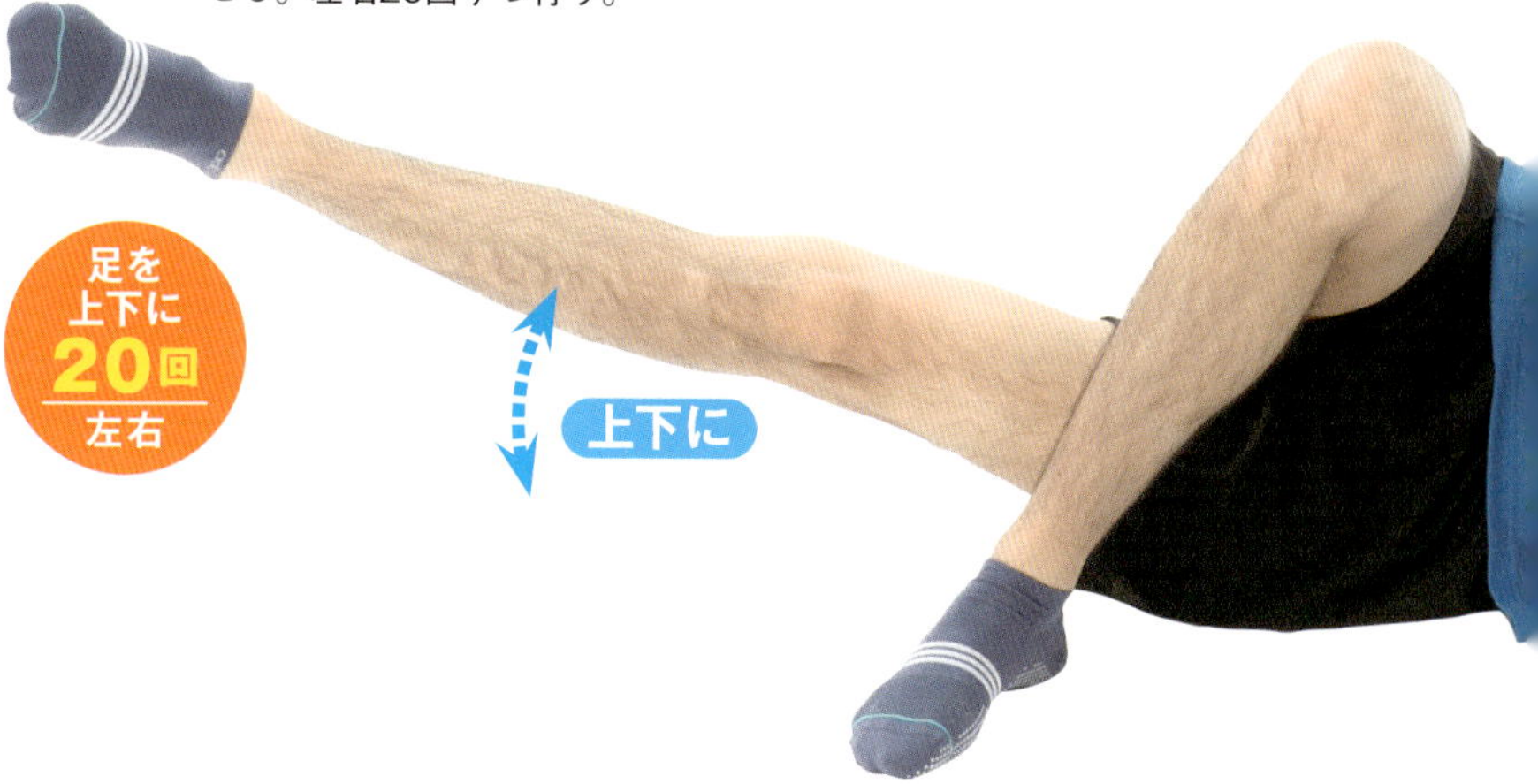

膝のお皿の上部の痛み

Karte 2

着地の衝撃が膝蓋靭帯に炎症を起こす

症状

ランニング時、特に着地をしたときに、膝の前面や周辺に強い痛みを感じる。

診断

「膝蓋靭帯炎《しつがいじんたいえん》」が疑われる。

ランニング時に膝の曲げ伸ばしが繰り返され、膝蓋靭帯に大きな負担やストレスが蓄積し、患部に炎症が起きて痛みが生じる。

膝《しつ》蓋骨《がいこつ》と脛骨《けいこつ》とをつないでいる靭帯を**膝蓋靭帯**といいますが、膝の曲げ伸ばしを繰り返すことで、膝蓋靭帯が炎症を起こし、痛みが生じます。ランニングの動作では**特に着地時に、膝の前面や周辺にはっきりしない痛みや違和感を感じます**。患部が腫れたり、熱を持ったり

痛みを予防するストレッチ&トレーニング

大腿四頭筋 STRETCH① ▶▶▶ P.38
STRETCH② ▶▶▶ P.40

予防策は、大腿四頭筋の柔軟性を高めるストレッチを行うこと。距離を走り込んだ練習の後には、中臀筋もしっかり伸ばしておくと◎。アイシング（20ページ参照）でしっかりケアしよう。

痛みの原因

- ストライドが大きい。
- 地面を強く蹴って走っている。
- 下肢アライメント不良、外反膝（X脚）。
- 膝蓋腱が長い。
- 膝蓋骨の形が悪い。
- 大《だい》腿《たい》四《し》頭《とう》筋《きん》の柔軟性が不足している。
- 休養やケアが足りない。また、筋力が不足している。
- 長い下り坂でスピードが出過ぎたときに、体を後傾させてストップ動作をしている。
- 後傾した姿勢で走っている。

することもあります。

また、膝蓋靱帯には着地時の衝撃を吸収する役割もあります。ランニング時に着地をする際に膝に約1トンほどの衝撃がかかるといわれており、この衝撃が蓄積することでも、膝蓋靱帯に炎症が起きます。

大腿四頭筋の柔軟性が足りないことが原因の場合が多いので、十分なストレッチをしましょう。

似たような症状では、成長期の一過性（成人してから再び痛むこともある）として知られるオスグッドシュラッター病がありますが、これは膝蓋骨（膝の皿）の下方が痛むのが特徴です。

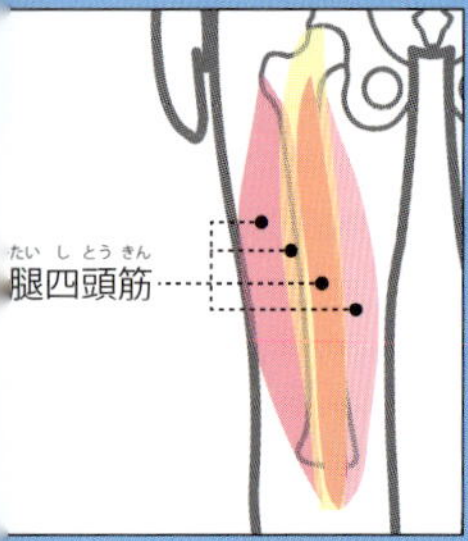

膝のお皿の上部の痛み

予防ストレッチ①
大《だい》腿《たい》四《し》頭《とう》筋《きん》
STRETCH

この姿勢で30秒 左右

1 かかとをお尻に引き寄せる

片足の甲を同じ側の手で持ち、息を吐きながらかかとをお尻に引き寄せ、膝を後ろに引いてキープする。大腿四頭筋の中央（中間広筋）が伸びるのを意識しよう。

POINT
かかとをしっかりお尻につける

POINT
一方の手を壁について支えてもOK

3 足を内側に引き寄せる

足の甲を持つ手を変え、内側に向けて引き寄せてキープする。大腿四頭筋の内側（内側広筋）が伸びるのを意識しよう。

この姿勢で
30秒
左右

NG 背中丸めると正しく伸ばせない

背中を伸ばし、股関節をしっかり伸展させよう。

2 足を外側に引き寄せる

1の姿勢から、足の甲を外側に向けて引き寄せてキープする。大腿四頭筋の外側（外側広筋）が伸びるのを意識しよう。

簡単アレンジ編 体が硬い人向け

この姿勢で
30秒
左右

床に横になり、上側の脚を後ろに曲げて同じ側の手で足の甲をつかむ。息を吐きながらかかとをお尻に引き寄せ、膝を後ろに引いてキープする。

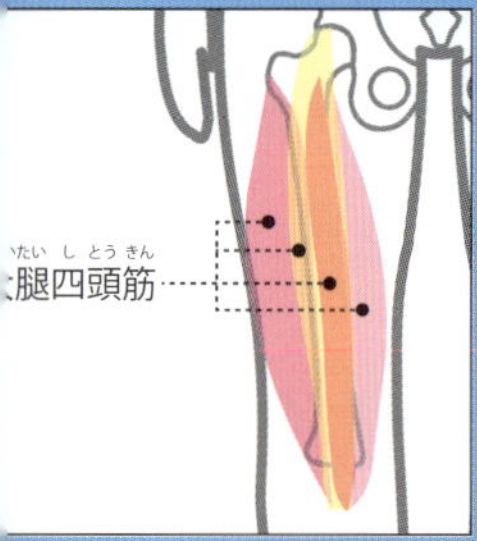

予防ストレッチ②
大《だい》腿《たい》四《し》頭《とう》筋《きん》 STRETCH

1 ストレッチバンドで伸ばす

ストレッチバンドの一方を足の甲にかけて、バンドのもう一方の端を持ち、肩にかける。つま先の向きを３方向（まっすぐ、外側、内側）に向けてバンドを引っ張りキープする。もう一方の脚も同様に行う。

この姿勢で **30秒**
3方向

POINT
体が硬い人はストレッチバンドを使うとより伸ばしやすくなる

1 片膝立ちしてストレッチバンドを使う

バンドを肩にかけて、かかとを臀部に近づけるように、バンドを引っ張る。つま先の向きを３方向（まっすぐ、外側、内側）に向けて引っ張りキープする。もう一方の脚も同様に行う。

この姿勢で30秒 3方向

POINT
体が硬くて足の甲をつかめない人はストレッチバンドを使うとより伸ばしやすくなる

NG 仰向けで体重を乗せるポーズは負担が大きい

仰向けで膝を曲げてストレッチをする人が多いが、膝と腰に負担が強いので要注意。

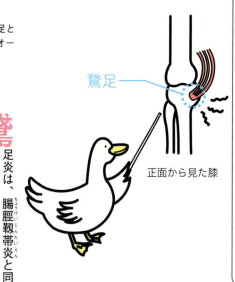

膝の内側の痛み

Karte 3

オーバーユースで陥りやすいのが膝の内側の痛み

症状

ランニングをした後に、膝の内側に、はっきりしない痛みや違和感を感じる。

診断

「鵞足炎《がそくえん》」

が疑われる。

膝の屈伸運動によって、膝の内側にある鵞足という腱と脛骨とが摩擦し、炎症を起こす。オーバーユースが主な原因。

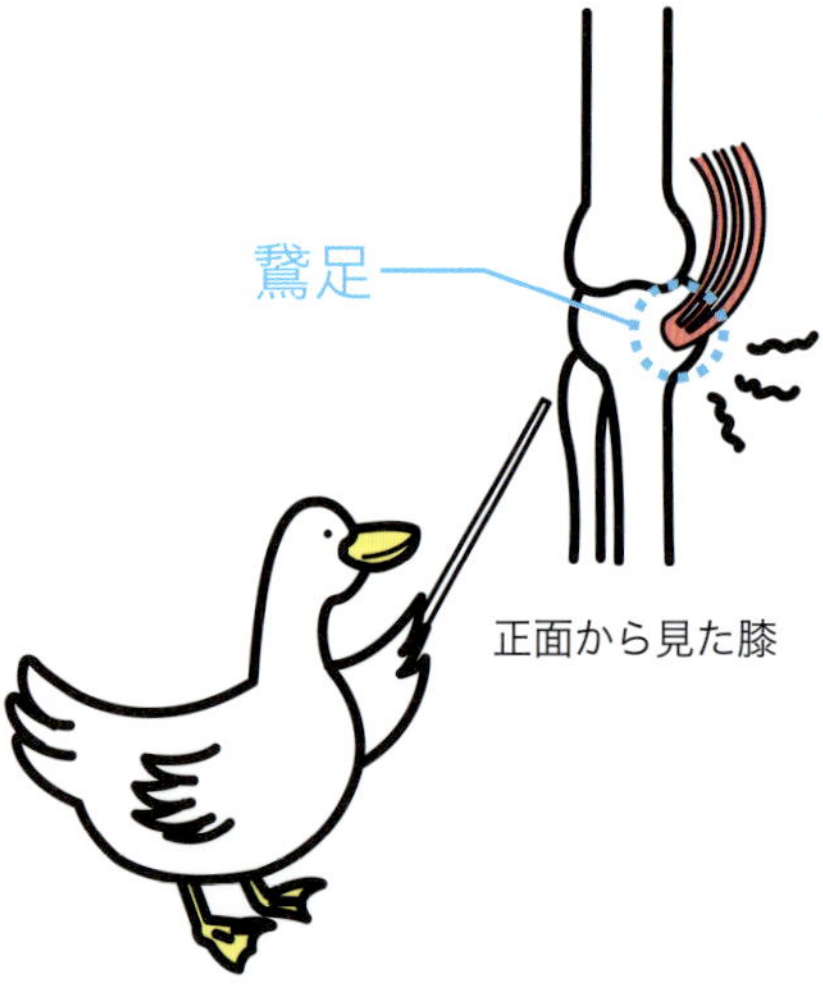

正面から見た膝

鵞足炎は、腸脛靱帯炎《ちょうけいじんたいえん》と同じくらい多い膝のトラブルです。骨盤から伸びる半腱様《はんけんよう》筋《きん》（半腱様筋、大腿二頭筋、半膜様筋の総称をハムストリングスという）など3つの腱が膝の内側で脛骨に付着しており、この3つの腱の付着部がガチョウの足に見えることから鵞足とい

痛みを予防するストレッチ&トレーニング

ハムストリングス STRETCH ▸▸▸P.44

内転筋群 STRETCH ▸▸▸P.46

予防策は、内転筋群、ハムストリングスのストレッチを十分に行うこと。股関節周りもできるだけほぐすようにしよう。練習後のアイシング（20ページ参照）も忘れずに行うこと。

痛みの原因

- 膝が内側に倒れ込む走り方をしている。
- 下肢アライメント不良、外反膝（X脚）。
- 筋力（大腿四頭筋、中臀筋、内転筋群、股関節周囲筋群など）が足りない。
- 股関節の柔軟性が足りない。
- 休養やケアが足りない。
- オーバープロネーション（69ページ参照）による。
- シューズのソールの内側が減ったまま走り続けている。

われています。鵞足部分で膝の屈伸運動が繰り返されることによって脛骨と摩擦し、炎症が起きるのが**鵞足炎**です。

ランニング後に膝の内側や、**膝蓋骨《しつがいこつ》（膝の皿）の内側にはっきりしない違和感・痛みを感じる**のが症状で、進行すると歩行時や階段の上り下りでも痛みが現れます。また、患部の動きに合わせて痛みも移動するのが特徴です。オーバーユースが主な原因ですが、半腱様筋をはじめとするハムストリングスが硬いと炎症が起きやすくなります。

ただし、半月板や軟骨の損傷が原因のことも考えられます。

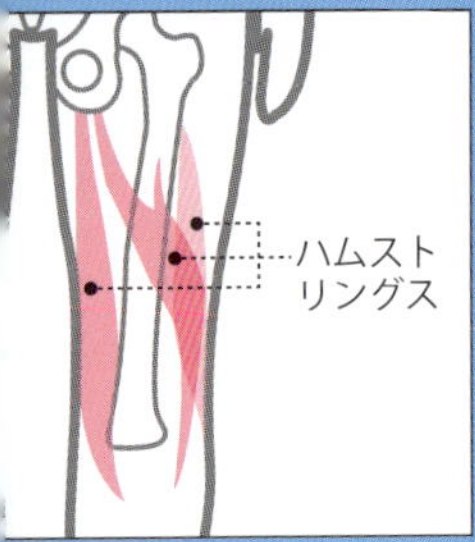

予防ストレッチ①
ハムストリングス STRETCH

1 一歩踏み出し つま先を上げる

直立した状態から片方の足を一歩前に出して、かかとを床に着け、つま先を上げる。

この姿勢で30秒 左右

簡単アレンジ編 体が硬い人向け

片方の脚を伸ばし、もう一方は膝裏に足部を入れる。上体を倒してキープ。伸びている脚は軽く膝を曲げてもOK。

NG 背中を丸めない

背中が丸まっているとハムストリングスが効果的に伸びない。

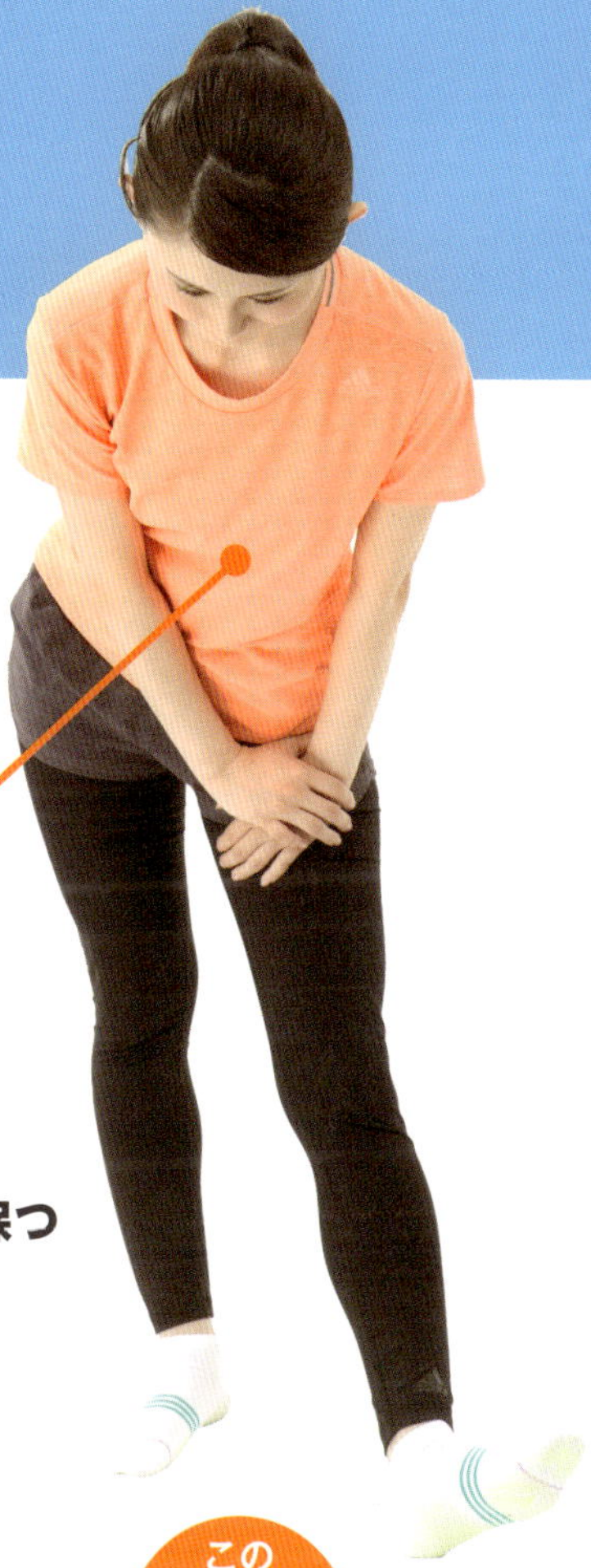

2 上体を倒す

前方の脚の太ももに両手を置き、背筋を伸ばしたまま上体を倒し、お尻を後ろに引く。この姿勢をキープする。もう一方の脚も同様に行う。つま先の向きは外側だけでなく正面に向けてストレッチしよう。

POINT
背筋はまっすぐに保つ

この
姿勢で
30秒
左右

簡単アレンジ編 体が硬い人向け

片方の脚を伸ばし、足首の裏側をストレッチポールに乗せる。息を吐きながら上体を倒してキープする。もう一方の脚も同様に行う。

この
姿勢で
30秒
左右

POINT
ポールを使うことで全体をしっかり伸ばせる

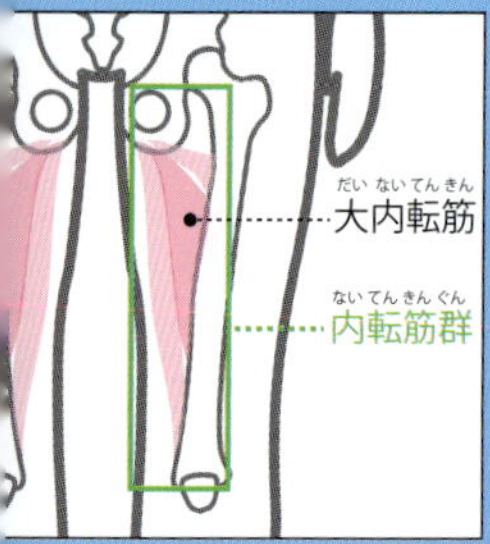

予防ストレッチ②

内転筋群《ないてんきんぐん》

STRETCH

1 足裏を合わせて座る

足裏を合わせて座り、つま先を両手で持つ。

POINT

背中が丸まらないように骨盤を立たせる

NG 背中が丸まっていると伸びない

骨盤が倒れ、背中が丸まっていると内転勤群がしっかり伸びない。

追加で行いたい予防ストレッチ

内転筋群 …P.96

2 両膝をゆっくり床に近づける

1の姿勢から、両脚の膝をゆっくり床に近づけていく。無理のないところでキープする。

この姿勢で30秒

POINT
体が硬い人は膝の角度を大きくするとストレッチしやすくなる

POINT
反動を利用して膝を倒すのはNG

簡単アレンジ編 体が硬い人向け

ストレッチポールの上に太ももの内側を乗せ、圧をかけて転がす。太ももの内側をコンプレッションしてから行うと効率的に伸ばすことができる。

走り始めの膝の痛み

Karte 4

「中高年や女性に多い膝の痛み初期症状に注意」

症状

走り始めや立ち上がったときに膝の内側が痛むが、走っているうちに痛みが感じなくなる。

診断

「変形性膝関節症《へんけいせいしつかんせつしょう》」が疑われる。

加齢やケガが原因で、大腿骨と脛骨の表面を覆う関節軟骨が弾力を失ってすり減り、膝への負荷を吸収できなくなるため、痛みが起こる。

太ももの大腿骨《だいたいこつ》と脛《すね》の脛骨《けいこつ》の間には関節軟骨がありますが、加齢や他部位を何度もケガをすると、弾力を失い、関節軟骨が磨り減ります。それが、**変形性膝関節症**という障害です。膝にかかる負荷を吸収することができなくなる上に、そのままにしておくと骨の形成が崩れて

痛みを予防するストレッチ&トレーニング

- **ハムストリングス** STRETCH ▸▸▸ P.50, P.52
- **中臀筋** TRAINING ▸▸▸ P.54
- **大腿四頭筋** TRAINING ▸▸▸ P.56

予防策は、ハムストリングスの柔軟性を高めること。初期の痛みを軽視せずに、アイシング（20ページ参照）をして安静にすること。痛みが引いたら中臀筋、大腿四頭筋を鍛えよう。

痛みの原因

- 下肢アライメント不良、内反膝（O脚）。
- 中高年で肥満。
- 膝の外傷既往歴がある。
- 大腿四頭筋やハムストリングスの柔軟性が足りない。
- 内転筋群、大腿四頭筋（内側広筋《ないそくこうきん》）などの筋力が足りない。
- シューズのソールの外側が減ったまま走り続けている。

骨に小さな棘ができ、さらに軟骨が磨り減ってしまいます。

特に、**中高年や女性に多い症状**です。また、肥満気味の方も要注意。初期は立ち上がるときに膝がこわばる程度で、長距離を走った翌日に痛むのが特徴的。日常生活に支障はないので軽視しがちですが、**初期でも炎症が強いと、関節内に関節液がたまり関節が腫れて、関節を曲げたときにひどく痛むことがあります。**歩くのが難しくなったり、半月板損傷などを合併したりすることもあるので、痛みが続くときは、走るのを中断して必ず診断を受けましょう。

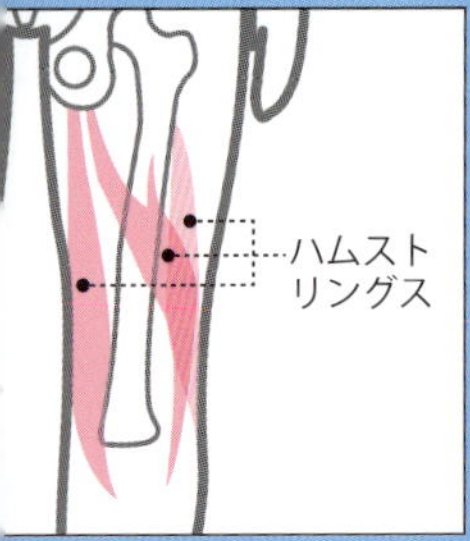

走り始めの**膝**の痛み

Karte 4

予防ストレッチ①
ハムストリングス
STRETCH

1 長座して片方のつま先を上方に向ける

長座して片方の脚を伸ばし、もう一方の脚は折り曲げて伸ばした脚の膝裏に足部を入れる。上体を倒し、両手で伸ばした脚の足部を持ち、つま先を上方に向けてキープする。

この姿勢で**30秒**
左右

POINT
伸ばした脚は軽く膝を曲げてOK

追加で行いたい予防ストレッチ

大腿四頭筋 …P.38,P.40
内転筋群 …P.34

2 つま先を内側に倒す

1の状態からつま先を内側に倒してキープする。

この姿勢で30秒 左右

3 つま先を外側に倒す

1の状態からつま先を外側に倒してキープする。もう一方の脚も同様に行う。

この姿勢で30秒 左右

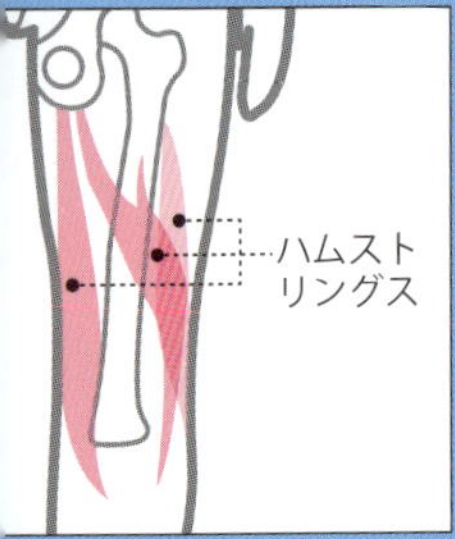

予防ストレッチ❷
ハムストリングス
STRETCH

POINT
つま先を水平にする

1 タオルをかけて足を上げる

仰向けになり、足裏にタオルをかけて上方に脚を上げる。タオルの両端を手で持ち、手前に引き寄せてキープする。

この姿勢で
30秒
左右

2 つま先を内側外側にキープ

1の状態から、つま先を内側に向けてキープ。続いて、つま先を外側に向けてキープ。もう一方の脚も同様のことを繰り返す。

簡単アレンジ編
体が硬い人向け

この姿勢で30秒
左右

片方の脚は膝を立てて床に足裏を着け、もう一方の脚は上方を向けてふくらはぎを両手で持つ。余裕があれば、つま先を外側、内側に向けてキープする。

簡単アレンジ編
さらに伸ばしたい人向け

腰からお尻の下にクッションを置き、仰向けになる。両脚を上げて、両手でつま先を持ち、息を吐きながら手前に引き寄せる。つま先を3方向（まっすぐ、外側、内側）に向けてキープする。

POINT
つま先を持つのがきつい場合はふくらはぎを持ってもよい

この姿勢で30秒
3方向

POINT
膝は軽く曲げてもよい

簡単アレンジ編 **体が硬い人向け**

ストレッチポールで、太ももの裏をコンプレッションしてから行うと、効率的に伸ばすことができる。

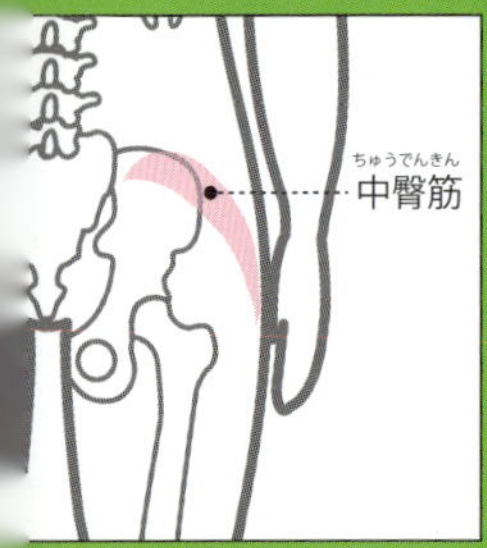

予防トレーニング① 中臀筋《ちゅうでんきん》 TRAINING

1 横向きになり体を安定させる

横向きになり、両手を床に着いて上体を安定させる。下側の脚は軽く膝を曲げ、上側の脚はまっすぐ伸ばす。

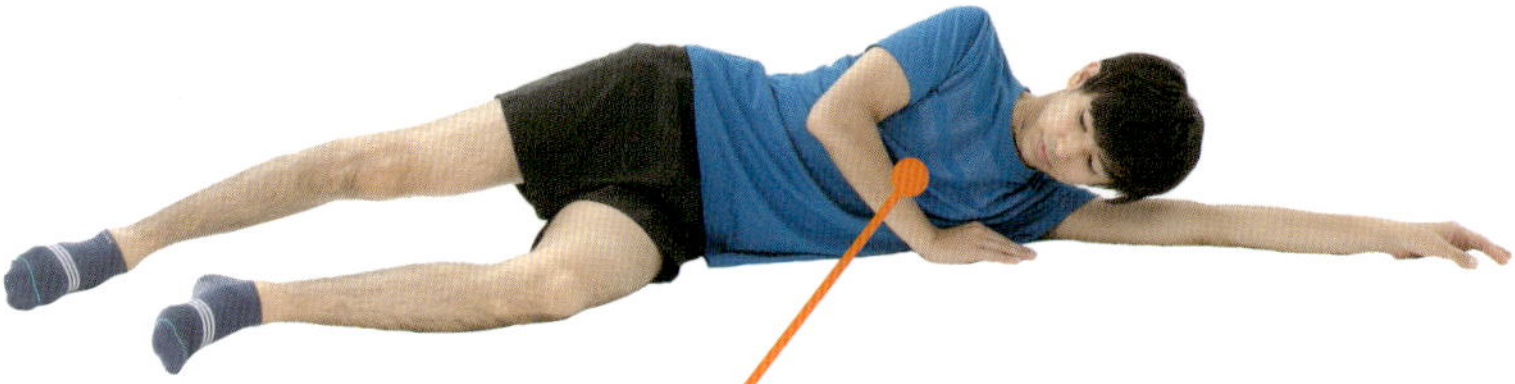

POINT 上体をしっかりと安定させる

NG 上体が倒れないように

上体が倒れてしまうと、効果的な動作が得られない。

追加で行いたい予防トレーニング

内転筋群 …P.34

2 上側の脚を上下させる

1の状態から、伸ばしたほうの脚を上下させる。左右20回ずつ行う。

POINT

4秒かけて上げて2秒静止
4秒かけてゆっくり下ろす

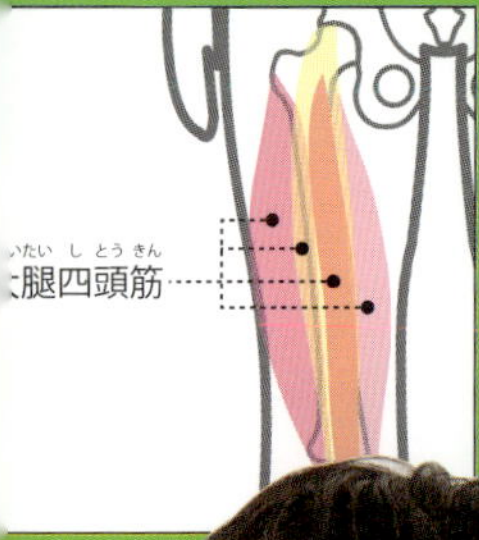

予防トレーニング②
大腿四頭筋《だいたいしとうきん》 TRAINING

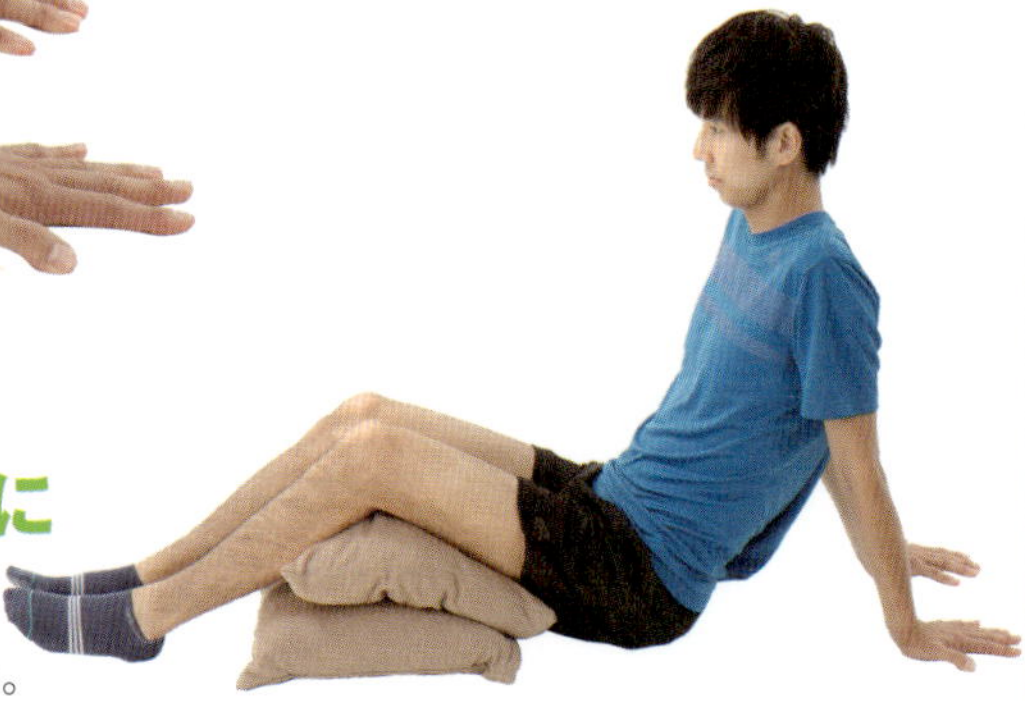

1 クッションの上に両脚を乗せる

両手を後方に着き、長座する。クッションを２つ重ねて、その上に両脚を乗せる。

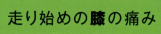

2 脚を伸ばし つま先を外側に向ける

1の姿勢から膝裏でクッションをつぶすように両脚を伸ばし、つま先を外側に向ける。これを20回繰り返す。

この姿勢で20回 左右

POINT
2秒かけて上げて4秒静止
2秒かけてゆっくり下ろす

POINT
片脚ずつ行ってもOK

簡単アレンジ編

さらに負荷をかけたい場合、椅子に座り、片方の脚は膝を曲げ、足裏を床に着けて、もう一方の脚はまっすぐに伸ばす。つま先を外側に向けて、また元の位置に戻す。

この姿勢で20回 左右

両脚を同時に行ってもよい。

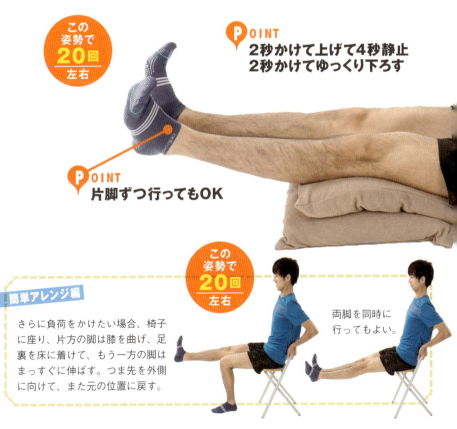

曲げ伸ばしたときの膝の痛み

Karte 5

症状

走っていて膝を曲げ伸ばしたときに、引っかかるような違和感、痛みがある。

診断

「半月板損傷《はんげつばんそんしょう》」が疑われる。

筋力が不足していたり、無理な動作や膝が捻れる動作が繰り返されたりして、膝のクッションの役割を果たす半月板が劣化、断裂する。

「強い痛みが走ったら放置しないこと」

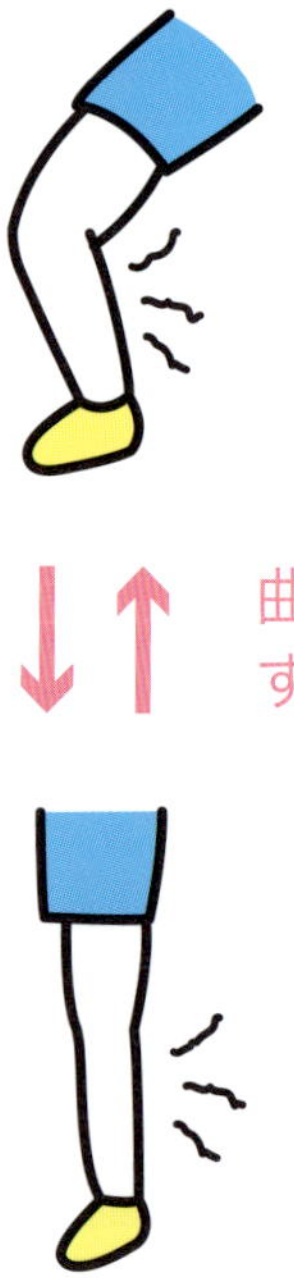

曲げ伸ばしすると痛い

半月板は、膝の内部、大腿骨、脛骨の内側と外側の関節の隙間にある、繊維軟骨からできている三日月形の組織です。膝の動きをスムーズにする役割や、膝を曲げ伸ばししたり回したりするときに、膝関節を安定させ衝撃を分散させるクッションのような役割も果たして

痛みを予防するストレッチ&トレーニング

大腿四頭筋・中臀筋 TRAINING ▶▶▶P.60

予防策は、大腿四頭筋と中臀筋を鍛えるトレーニングをすること。それに加えてハムストリングスの柔軟性を高めるストレッチも大切。

痛みの原因

- **膝が内側に入る走り方をしている。**
- **アップダウンが多いコースを走っている。**
- **走行距離が多い。**
- **膝が完全に伸びきって接地している。**
- **ハムストリングスの柔軟性が足りない。**
- **大腿四頭筋、中臀筋などの筋力が足りない。**

います。

この半月板は、無理な動作や、膝が捻れる動作が繰り返されると劣化し、断裂してしまいます。走り過ぎが原因で傷つくこともあります。膝を曲げ伸ばしするときに、一瞬引っかかるような違和感があるのが主な症状ですが、急激なストレスがかかった急性の損傷では強い痛みが走ります。また、関節内に半月板の一部が挟まると、膝がある角度で動かなくなり、曲げ伸ばしができなくなるロッキング症状が起きます。放置しておくと、変《へん》形《けい》性《せい》膝《しつ》関《かん》節《せつ》症《しょう》になることもあるので、早めに受診しましょう。

予防トレーニング

大腿四頭筋《だいたいしとうきん》・中臀筋《ちゅうでんきん》

TRAINING

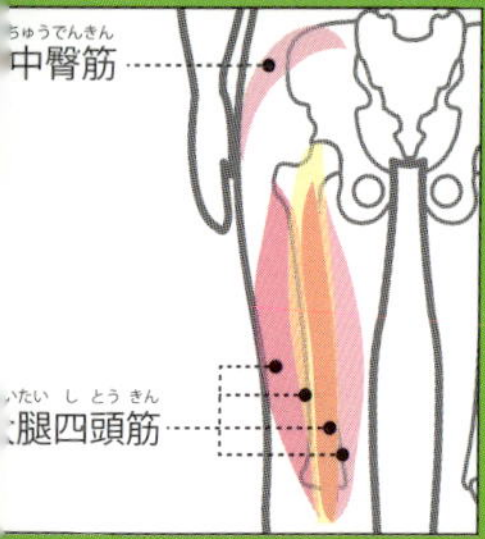

POINT

**痛みのない範囲で
軽く膝を曲げて
バランスをとる**

1 直立して後ろで手を組む

NG 背中を丸めない

背中が丸まっていると、効率的な動作が得られない。

追加で行いたい予防ストレッチ

- 大腿四頭筋 …P.38,P.40
- ハムストリングス …P.50

追加で行いたい予防トレーニング

- 中臀筋 …P.54
- 大腿四頭筋 …P.56

2 股関節から上体を倒していく

１の姿勢から片脚で立ち、もう一方の脚を後ろに伸ばし、４秒かけて股関節から上体を倒していく。左右20回繰り返す。

POINT
背筋を伸ばしたまま上体を倒していく

この姿勢で20回 左右

簡単アレンジ編

直立し、壁に手を着いた姿勢から、外側の脚をまっすぐ伸ばしたまま上げていく。

POINT
お尻の側面を使って、脚を上げている意識を持つ

COLUMN 2

誤解を招きやすい マッサージ 柔軟性は戻らない

ランニング後のケアというと、マッサージを思い浮かべる方は多いかもしれません。街中には多くのマッサージ店や整体院、治療院があり、ランナーの皆さんにも、それらにお世話になっている方は多いのでは？　実際に疲れたときのマッサージは気持ちが良いものです。凝り固まった筋肉がほぐれると、一時的に血流が良くなり体が軽くなります。また、心のストレスも軽減してくれます。それに、ストレッチをする前に、伸ばす箇所をマッサージしてから行うと、ストレッチの効果も上がります。

しかし、じつはマッサージには、低下した柔軟性を回復させるという科学的な根拠はありません。例えば肩凝りを解消するためにマッサージ店で施術を受けたのに、しばらくすると、再び凝りがぶり返したという経験があると思います。また、痛みがある箇所は絶対にマッサージをしないこと。筋肉が損傷している箇所を揉んでしまっては、余計に悪化させるだけです。もう１つ、脚がつっている（筋痙攣）ときもマッサージはＮＧ。痙攣を起こしている場所を揉んで刺激すると、運動神経が興奮し、かえって痙攣が収まりにくくなってしまう場合があります。

PART
3

ランケア
足部の痛み

練習を積んでいくと特に負担がかかるのが足部。
足部周辺のトラブルを防ぐ予防ストレッチ＆トレーニングを紹介！

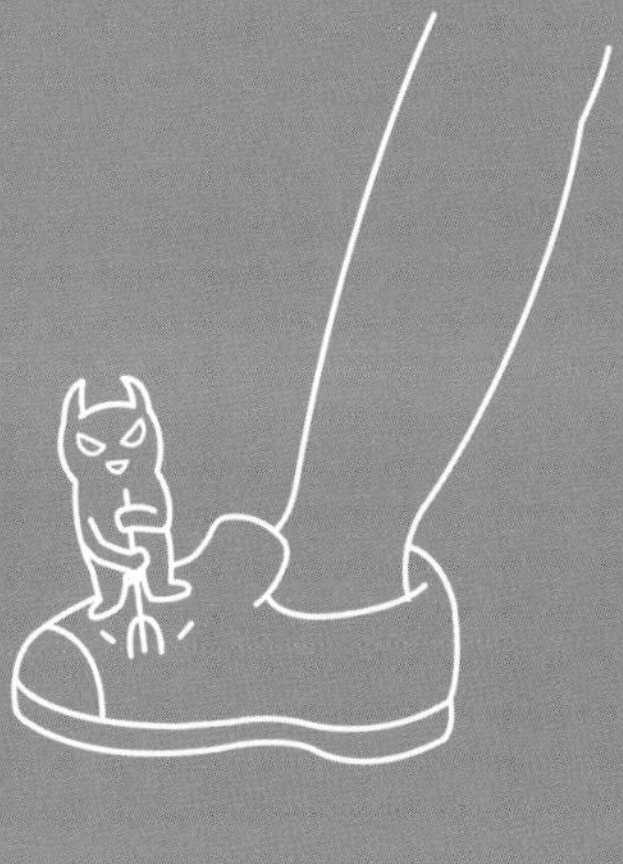

起床時の足裏の痛み

Karte 6

朝起きたときの足裏の痛みは故障のサイン

症状

朝起きたときに、立ち上がれないほど足裏に痛みがある(特に土踏まずの辺り)。

診断

「足底筋膜炎《そくていきんまくえん》」が疑われる。

足部のアーチが着地衝撃を緩和、吸収しているが、着地が繰り返されることで、アーチを保持している足底筋膜に微小断裂や炎症が起こる。

朝起きて床に足を着いた瞬間に、足裏に痛みが走るのが、**足底筋膜炎**のサインです。**足の裏には、縦にも横にも足底筋膜が保持するアーチがあります。**着地時に土踏まずのアーチがスプリングのような役目を果たし、着地衝撃が緩和、吸収され、足底筋膜の張力によって

痛みを予防するストレッチ&トレーニング

- 足底筋群 STRETCH ▶▶▶P.66
- 大腿二頭筋 TRAINING ▶▶▶P.68
- 大内転筋 TRAINING ▶▶▶P.70

予防策は、足底筋群のストレッチ。プロネーション（69ページ参照）の動きが正しくできるように、大腿二頭筋、大内転筋を鍛えよう。練習後はアイシング（20ページ参照）でケアを。

痛みの原因

- 土踏まずのアーチが高く、柔軟性が乏しい。
- 硬い路面を走っている。
- ドロップ数（つま先とかかとの高さの差）が小さいシューズに変更した。
- 膝が伸びきって接地している。
- 走行距離が多い。または、急激に走る距離を伸ばした。
- 足底部や下腿三頭筋の柔軟性が足りない。
- 後脛骨筋の筋力が足りない。

次の着地に備えたアーチが作られます。着地衝撃が繰り返されるなどして足底筋膜に炎症が起きるのが、足底筋膜炎です。

厄介なことに、ランナーに多発する障害で、アーチが低い扁平足でも、アーチが高いハイアーチでも起きます。扁平足だと着地衝撃がダイレクトに足底筋膜にかかるので、ハイアーチだと着地のたびに足底筋膜が瞬間的に引き伸ばされ、炎症が起きやすくなります。

オーバーワークが主な原因なので、ケアで予防できます。また、シューズに原因があることもあるので気をつけましょう。

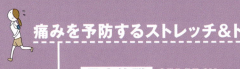

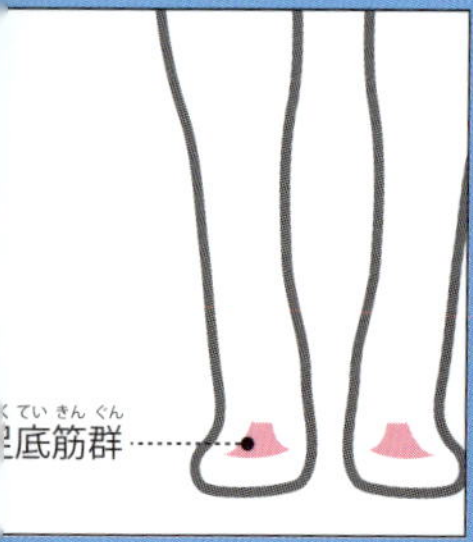

起床時の**足裏**の痛み

予防ストレッチ 足底筋群《そくていきんぐん》 STRETCH

この姿勢で 30秒 3方向

1 両足の指に体重をかける

正座をした状態から、両足の指をしっかりと床に着ける。かかとを真上に向け、かかとの上にお尻を乗せて体重をかけてキープする。

簡単アレンジ編①

両手で足指を曲げる

椅子に座って、片足のかかとを椅子の座面に乗せる。片手でつま先をつかんで、手前に引き寄せ、この姿勢をキープする。左右を変えて同様に行う。

この姿勢で 30秒 左右

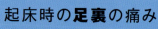

追加で行いたい予防ストレッチ

腓腹筋・ヒラメ筋（下腿三頭筋） …P.74,P.75

2 両足のかかとを外側に向ける

1の姿勢から、両足のかかとを外側に向けて、体重をかけてキープ。

POINT
3方向に伸ばすことで、足裏全体を伸ばせる。

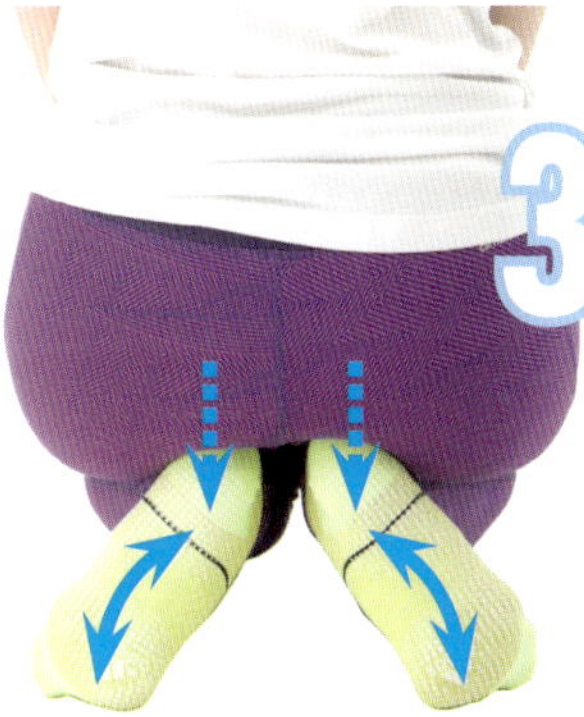

3 両足のかかとを内側に向ける

1の姿勢から、両足のかかとを内側に向けて、体重をかけてキープする。

簡単アレンジ編②

椅子に座って足指を伸ばす

椅子に座って、片方の足を一歩後ろに引いてかかとを上げる。足指を床にしっかり押しつけてキープする。左右を変えて、同様に行う。

この姿勢で30秒左右

簡単アレンジ編③

足裏全体でテニスボールを転がす

椅子に座って片足でテニスボールを軽く踏み、足裏全体を使ってボールをやさしく転がす。立って行ってもよい。

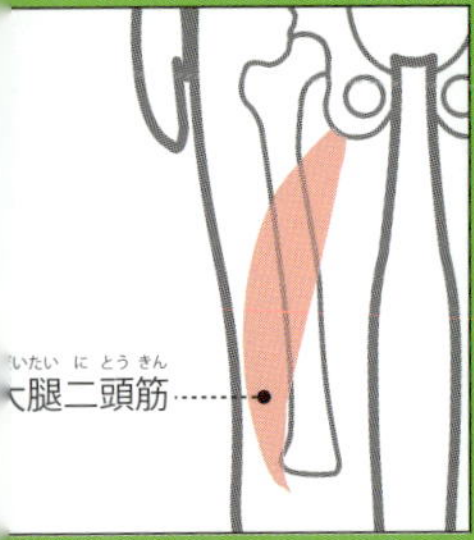

予防トレーニング①
大腿二頭筋《だいたいにとうきん》
TRAINING

POINT
猫背にならないように注意する

1 片足のつま先を上げる

直立して、片方の足を一歩前に出し、かかとを床に着けて、つま先を上げる。

2 かかとを軸につま先をスイングさせる

体を股関節から屈めながら、かかとを軸にして、つま先を外側から内側へと20回スイングさせる。もう一方の脚も同様に行う。

POINT
スイングするときに太ももの裏側（大腿二頭筋）が動いているのを意識する

足底筋膜炎とも関わりが大きい!
プロネーションとは?

走っているときに、足は体の外側から着地し、内側へかかとが倒れこむように動きます。この動きをプロネーション(回内)といいます。これは、股関節が、膝とかかとの真上よりも少し外側にずれているために起こる動作で、足首が倒れ込むことで、着地衝撃を和らげてくれるのです。

しかし、このプロネーションの角度が大き過ぎると、足首が一気に内側に倒れ込んでしまいます。これを「オーバープロネーション」といいますが、このような着地では、着地衝撃を和らげるどころか、足首や膝などへの負担も大きくなり、ランニング障害を引き起こす危険性が高くなってしまいます。

逆に、かかとが外側に傾くことを「アンダープロネーション」といい、これも、ランニング障害の原因にもなります。適正なプロネーションができていないことが、足底筋膜炎の原因の1つです。

一般的に日本人には、オーバープロネーション気味の人が多いとされています。普段履いている靴の外側の減り具合が激しい人は、特に注意しましょう。

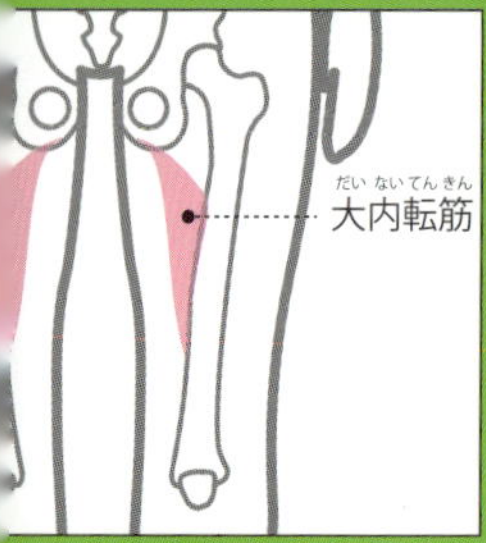

予防トレーニング②
大内転筋《だいないてんきん》 TRAINING

1 ステップ台の前に立つ

POINT
ステップ台は15～20cm程度の高さを選ぼう

2 片方の脚を後ろに引く

片方の脚を大きく後ろに引く。

POINT
太ももの内側
（大内転筋）を意識

3 後ろに引いたほうの足を台に置く

後ろに引いた脚を前方に大きく振り上げ、ステップ台の上に踏み込む。20～30回繰り返したら、もう一方の脚も同様に行う。

かかとの痛み

Karte 7

「オーバーユースや体重増加がかかと痛の原因に」

症状

ランニング時や歩行時に、体重をかけるとかかとの後ろが痛む。腫れがある。

診断

「踵《しょう》骨《こつ》後《こう》部《ぶ》滑《かつ》液《えき》包《ほう》炎《えん》」

「踵《しょう》骨《こつ》下《か》滑《かつ》液《えき》包《ほう》炎《えん》」

が疑われる。


足首の曲げ伸ばしが頻繁に繰り返されることで、アキレス腱とかかととの間にありクッションの役割をする滑液包が炎症を起こす。

アキレス腱と踵骨の間には、クッションの役割をする滑液包があります。足首を上に上げたときに、アキレス腱とかかとの間で挟まれて滑液包が圧迫されたり、足首の曲げ伸ばしが頻繁に繰り返されることで炎症が発生し、痛みが生じます。かかとの後部が痛む場合は踵骨

痛みを予防するストレッチ＆トレーニング

腓腹筋 STRETCH ▶▶▶ P.74

ヒラメ筋 STRETCH ▶▶▶ P.75

予防策は、腓腹筋やヒラメ筋のストレッチ。下腿三頭筋、足底筋の柔軟性を高めることで、かかとに負担がかかりにくい走り方を身につけよう。練習後はアイシング（20ページ参照）でケアを。

痛みの原因

- 急に走り始めて、かかとに負担をかけた。
- 体重が増加し、かかとに負担をかけた。
- クッション性の小さいシューズを履き続けている。
- アーチが高く、柔軟性が低い。
- 硬い路面を走っている。
- 足首を使う動作が多い走り方をしている。
- 下腿三頭筋や足底筋の柔軟性が足りない。
- 後脛骨筋の筋力が不足している。
- 骨棘《こつきょく》（かかとの骨が変形してできたとげ）によって刺激され炎症が起きた。

後部滑液包炎、足裏のかかと寄りが痛む場合は踵骨下滑液包炎であることが考えられます。

症状は、アキレス腱自体に腫れや熱感があるのではなく、かかとの後ろに腫れが見られます。ひどい場合は、歩行時でも痛みが強く、かかとに体重をかけられないことがあります。オーバーユースはもちろん、急に走り始めたり、体重が増えたりしてかかとに負担がかかったことが原因でも起きる障害です。

まれに、かかとの骨でも疲労骨折を起こすことがあるので、痛みの強弱にかかわらず、必ず医師の診断を受けましょう。

かかとの痛み 予防ストレッチ①

STRETCH 腓《ひ》腹《ふく》筋《きん》

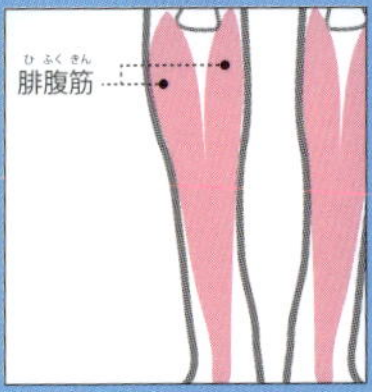

POINT
後ろ脚の膝はしっかり伸ばす

1 脚を後ろに引きかかとを床に着ける

壁に手をつき、片方の脚を大きく後ろに引く。かかとをしっかり床に着けて体を前傾させ、壁を押すようにキープする。

2 後ろの足のつま先を外側に向ける

1の姿勢から、後ろの足のつま先を外側に向けてキープする

POINT
かかとは浮かせない
腰が引けるのもNG

この姿勢で30秒
3方向

3 後ろの足のつま先を内側に向ける

1の姿勢から、後ろの足のつま先を内側に向けてキープする。片脚が終わったら、もう一方も同様に行う。

POINT
つま先は正面に向ける

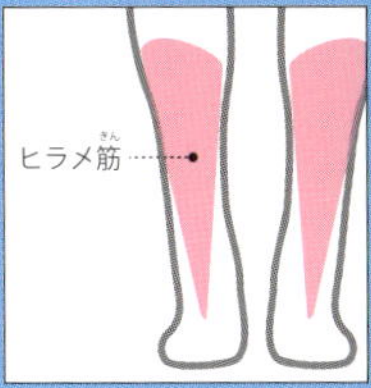

かかとの痛み 予防ストレッチ②
STRETCH ヒラメ筋《きん》

この姿勢で30秒 左右

体重をかける

1 片方の足の指を椅子の座面にかける

椅子の背もたれを両手で持ち、片方の足の指を椅子の座面の端に乗せる。

2 椅子に乗せた脚を折りたたむ

椅子に乗せた足に体重をかけるようにして、脚を折りたたみ姿勢をキープする。片脚が終わったら、もう一方も同様に行う。

POINT
軽く前方に体重をかけるだけでもOK

POINT
足指から足指の付け根辺りを椅子に乗せる

簡単アレンジ編 体が硬い人向け

正座した状態から、片方の膝を立てる。このとき、足裏はしっかり床に着ける。両手は体の前に着き、背筋を伸ばしたまま上体を前に倒していく。胸で太ももを押しながらキープする。

この姿勢で30秒 左右

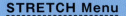

Karte 8 足の甲の痛み

「足部のアーチにかかる負荷が痛みを誘発」

症状

走っている最中や、走り終えたときに、足の甲に痛みや腫れが生じる。

診断

「足《そく》部《ぶ》疲《ひ》労《ろう》骨《こっ》折《せつ》」が疑われる。

ランニングやジャンプ動作による過度の負荷が、繰り返し、長時間に渡って足部アーチにかかることで中足骨が疲労骨折する。

足のアーチを作る中足骨は、ランニングやジャンプ動作が繰り返され、過度に体重の負荷が足部に加わると、骨に亀裂骨折が生じることがあります。金属疲労のように衝撃の積み重ねにより起こるので、一般的な骨折とは異なり、レントゲン検査でも異常が見られないことが

痛みを予防するストレッチ&トレーニング

後脛骨筋 STRETCH ▸▸▸P.80

後脛骨筋 TRAINING ▸▸▸P.82

前脛骨筋 STRETCH ▸▸▸P.128

予防策は、後脛骨筋のストレッチ。足底部、下腿三頭筋の柔軟性が足りないことも原因なので、重点的に伸ばして足部への負担を減らそう。練習後はアイシング(20ページ参照)でケアを。

痛みの原因

- 走行距離が多く、硬い路面を走っている。
- フィットしていないシューズを履いている。
- 靴紐をきつく締めすぎるなどして、足に余分な圧力がかかっている。
- 足底部、下腿三頭筋の柔軟性が足りない。
- 足裏のアライメント障害や外反母趾が原因となって痛みを生じる中足骨骨頭痛も考えられる。
- 外反母趾の症状が悪化してしまうケースや、拇指球《ぼしきゅう》近辺に激しい疼痛を発症するケースもある。

あり、見過ごされてしまいがちです。

走っている最中や終了後に、足の甲に痛みと腫れが生じ、なかなか引かない場合は、**足部疲労骨折**を疑いましょう。**ランナーの場合、5本ある中足骨のうち、真ん中の3本が特に多いようです。また、大半は男性に見られます。**疲労骨折の診断が出たら、安静にして回復を待ちましょう。他に、足趾腱損傷《そくしけんそんしょう》や中足骨骨頭痛《ちゅうそくこっこつとうつう》の可能性もありますが、中足骨骨頭痛の場合は女性に多く、足裏のアライメント(骨配列)障害や外反母趾が原因となって、痛みを生じます。

足の裏のしびれ

Karte 9

足裏のしびれは扁平足が原因のジョガーズフット

症状

ランニングをすると、足の内側や裏側に、しびれや痛みが生じる。

診断

「ジョガーズフット（短《たん》腓《ひ》骨《こつ》筋《きん》腱《けん》付《ふ》着《ちゃく》部《ぶ》炎《えん》）」が疑われる。

くるぶしの上から伸びる内側足底神経が、母趾外転筋によって圧迫されて、痛み、しびれが起きる。特に扁平足などの場合、足の内側の体重を支えきれず起きやすい。

くるぶしの内側にある脛骨神経は、内側足底神経、外側足底神経、外側足底神経第1枝神経の3つに枝分かれします。このうち**内側足底神経が、足部の内側にある母趾外転筋という筋肉によって圧迫される障害をジョガーズフットといいます。**名前の通り、ランニン

痛みを予防するストレッチ&トレーニング

- 後脛骨筋 STRETCH ▸▸▸P.80
- 後脛骨筋 TRAINING ▸▸▸P.82

予防策は、後脛骨筋のストレッチ。扁平足が原因になっているので、83ページのタオルギャザーなど日々の補強を取り入れよう。アイシング（20ページ参照）のケアも忘れずに。

痛みの原因

- 足裏のアーチがない（扁平足）。
- 足の内側に力がかかるような走り方をしている。

グをすると患部にしびれや痛みが生じます。

かかとからやや前方の辺りから痛みがあり、足裏の親指周辺から第3趾（足の中指）にかけてしびれるような症状が出てきます。特に扁平足の場合、体重をかけたときに足の内側の体重を支えきれず、足が親指側に傾く傾向が強くなり、神経が筋肉の間で圧迫され、痛みがさらに増してしまいます。時には灼熱感を伴うような感覚障害が起きることもあり、ランニングによってその症状は強くなります。

再発を予防するには、内側の縦アーチの保持が大事です。

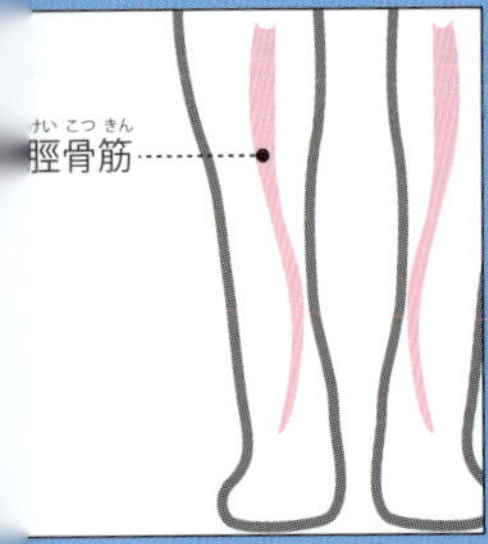

足の甲の痛み
足の裏のしびれ

予防ストレッチ
後脛骨筋《こうけいこつきん》
STRETCH

1 足裏を両手で持つ

あぐらをかいて座り、片方の脚は膝を立てて、足裏を両手で持つ。

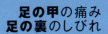

追加で行いたい予防ストレッチ

腓腹筋・ヒラメ筋（下腿三頭筋）…P.74,P.75

2 足の外側を手前に引っ張る

片方の手でかかとを押さえつつ、もう一方の手で足部の外側を持って、手前に引っ張ってキープする。もう一方の足も同様に行う。

この姿勢で30秒 左右

POINT
足首を甲のほうに向けて曲げる

簡単アレンジ編 体が硬い人向け

直立した姿勢で、辞書や電話帳など（写真は半円柱のストレッチポールを使用）に片足の指を乗せる。もう一方も同様に行う。

この姿勢で30秒 左右

POINT
かかとは床に着ける

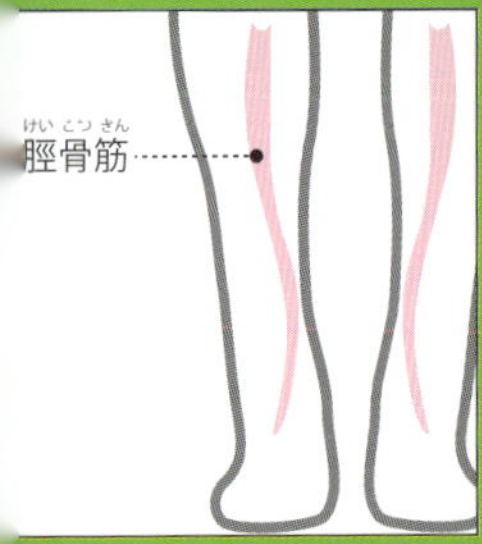

足の甲の痛み
足の裏のしびれ

Karte 8
Karte 9

予防トレーニング 後《こう》脛《けい》骨《こつ》筋《きん》

TRAINING

1 ストレッチバンドを片方の足にかける

長座して座り、両脚を交差させる。片方の足裏にストレッチバンドをかける。もう一方の足裏を通して、バンドを両手で持つ。

2 足を外側に倒す

ストレッチバンドをかけたほうの足を体の内側に向け、足首を曲げて倒す。また、元に戻す。これを20回繰り返す。もう一方の足も同様に行う。

この姿勢で
20回
左右

1 直立する

2 つま先で立ち かかとを 外側に向ける

つま先で立って、かかとを外側に向けて動かす。また、元に戻す。これを20回繰り返す。

この姿勢で**20回** 左右

POINT
後脛骨筋の筋力を高めて バランスよくつま先立ちが できるように意識

POINT
内側のアーチ(土踏まず)を保つようにする

簡単アレンジ編 タオルギャザー

1 椅子などに座り、地面に置いたタオルの上に足を乗せる。

2 足指でしっかりとタオルをつかんで、手前に引き寄せる。

POINT
足指でしっかりタオルをつかむ 片足ずつ行ってもOK

COLUMN

3

そのケガの原因は
シューズにあり!?
自分の足に合った選択を

ランニングは、シューズさえあれば始めることができます。しかし、シューズが原因でランニング障害を起こすこともあるのです。大前提はランニング専用のシューズを選ぶこと。カジュアルな街履きスニーカーで走っている方をたまに見かけますが、ランニングシューズのように着地衝撃を吸収しないので、体重の２～３倍の着地衝撃がダイレクトに足腰にかかってしまいます。

また、ビギナーにもかかわらず、「軽いから」という理由だけで、ソール（靴底）が薄いシューズを選ぶ人がいますが、ビギナーは衝撃吸収性や着地安定性など様々な機能を備わった高性能シューズを選びましょう。まずは安全性が優先です。とはいえ、いつまでも高機能シューズを履いていたのでは、走るための筋肉がついていきません。走力に合わせたシューズが発売されているので、自分のレベルに合ったシューズを選びましょう。

シューズを購入する前には、試し履きを必ずしてください。走ることが習慣化していくと、体重のように足のサイズも変動するからです。また、ソールが磨り減ったシューズをいつまでも履き続けるのもＮＧです。ケガの原因になります。

PART

4

ランケア
腰背部の痛み

痛みが強いときは必ず病院で診察を受けること。
腰背部周辺のトラブルを防ぐ予防ストレッチ＆トレーニングを紹介！

Karte 10

背中が張る痛み

「腰を支える筋肉の疲労が背中の痛みに」

症状

脊柱の両サイドが張り、違和感がある。横になれば楽になるが、体勢を変えるときに痛む。

診断

「筋《きん》・筋膜性腰椎症《きんまくせいようつうしょう》」が疑われる。

腰を支える筋肉の慢性的な緊張や疲労が主な原因で、背骨の両サイドの筋肉が硬くなり、張ってしまう。

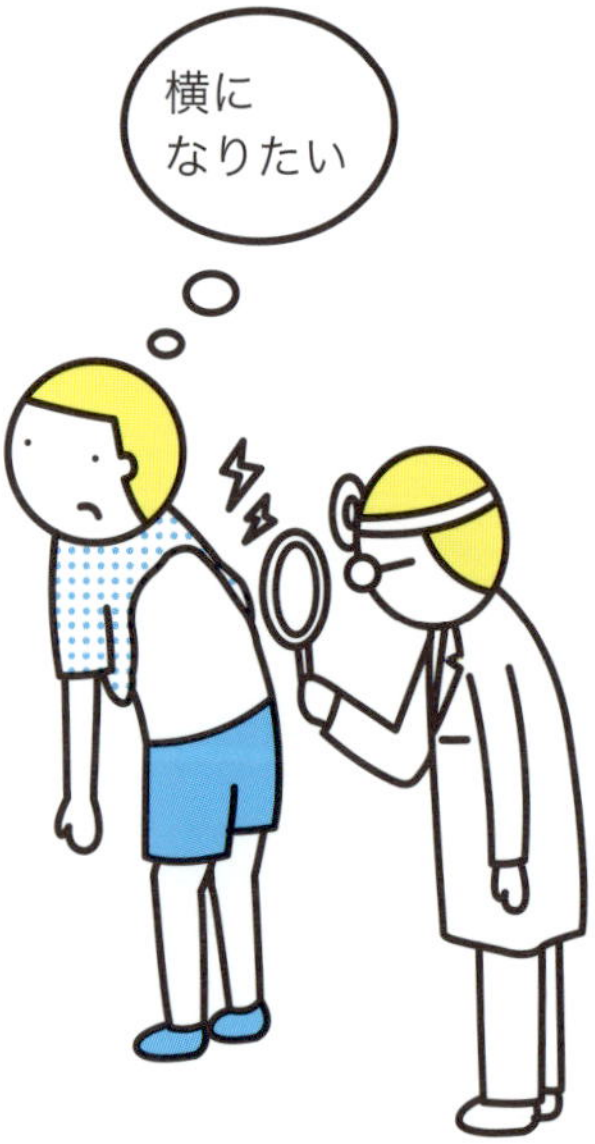

運動することによって腰の筋膜や筋肉が損傷し、背中や腰が痛む障害を、筋・筋膜性腰椎症といいます。ランニングに限らず、スポーツ全般においてよく見られます。

オーバーユース（使いすぎ）により、腰を支える筋肉に慢性的な緊張や疲労が蓄積するのが主

痛みを予防するストレッチ&トレーニング

- 大臀筋 STRETCH ▶▶▶P.88
- 腸腰筋 STRETCH ▶▶▶P.90
- 脊柱の側屈・伸展・回旋 STRETCH&TRAINING ▶▶▶P.92

予防策は、大臀筋、腸腰筋のストレッチを、時間をかけてしっかり行うこと。92ページで紹介している「脊柱の側屈・伸展・回旋トレーニング」を日常に取り入れよう。

痛みの原因

- 慢性の症状は、主に使いすぎ（オーバーユース）による疲労が原因。
- 後傾した姿勢で走っている。
- 腰背部の筋、筋膜が疲労している、または伸び過ぎている。
- 大臀筋やハムストリングスなどの股関節伸筋群、梨状筋などの外旋筋群の柔軟性が足りない。柔軟性が低下し、体幹部を屈曲させる時に骨盤が前傾しなくなる
- 体幹部の筋力が足りない。

な原因。ですが、マラソンで姿勢を保持することや、着地時の衝撃が、腰痛の原因になることもあります。

症状は、背骨の両サイドの筋肉が硬くなり、張ってしまうと、背中の筋肉に沿って痛みが生じます。横になっていれば痛みは感じませんが、体勢を変えるときなどにまた痛みます。

無理な体勢をとることによって筋膜や筋肉が損傷することもありますが、急性の損傷はいわゆる肉離れも考えられます。また、腰椎捻挫（靱帯や関節包の損傷も含む）の場合も、急性の痛みが生じます。

予防ストレッチ①
大臀筋《だいでんきん》STRETCH

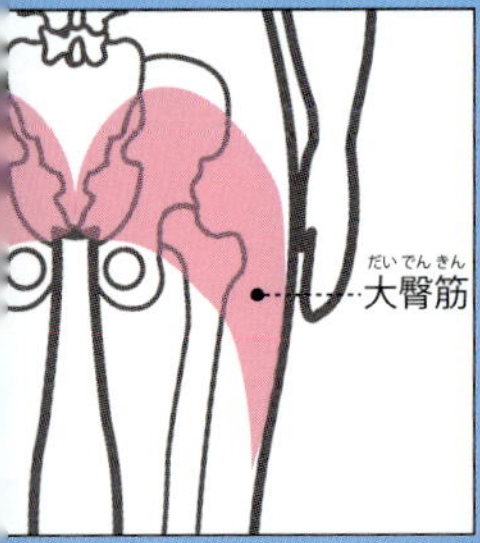

1 片脚を前に出し前傾姿勢をキープ

両手を床につき、片脚を前に出して膝を折り、脛の外側を地面に着ける。もう一方の脚は後ろに伸ばす。腰を沈めて上体を前に倒してキープする。

この姿勢で30秒
左右

POINT
左右の腰の高さを平行に保つ

NG

猫背にならない

背筋が曲がったり、腰が一方に傾いたりするのはNG。

追加で行いたい予防ストレッチ

大臀筋 …P.30　梨状筋・大臀筋 …P.114

ハムストリングス …P.44,P.50,P.52

2 さらに上体を倒していく

体が軟らかい人は、無理のない範囲でさらに上体を倒していくこと。腰背部を同時にストレッチできる。

簡単アレンジ編 柔軟性の高い人向け

ストレッチポールを利用して上記のストレッチを行ってもよい。ただし、体が硬い人は、無理に伸びてしまうのでやらないこと。

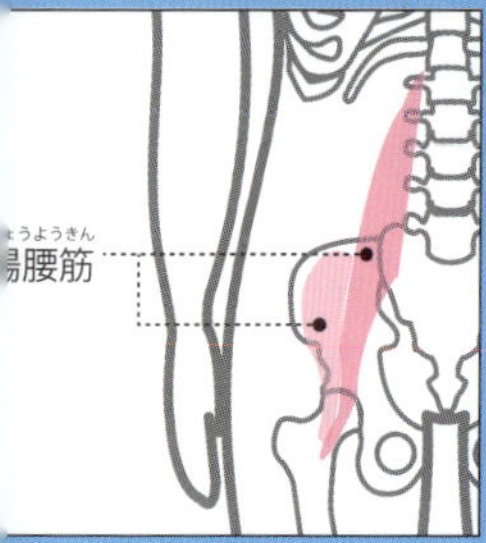

予防ストレッチ②
腸腰筋《ちょうようきん》
STRETCH

2 ゆっくり腰を下ろしていく

後ろ側のお尻に手を添えて、息を吐きながら、ゆっくり腰を下ろしてキープする。

この姿勢で30秒 左右

1 脚を前後に大きく開く

前後に脚を大きく開き、前側の脚の膝を立てて、後ろ側の脚は伸ばす。

POINT
膝の位置がつま先よりも前に出ないように

追加で行いたい予防ストレッチ

大臀筋 …P.30
大腿四頭筋 …P.38,P.40

3 上体をひねる

さらに腸腰筋をストレッチしたい場合は、前に出した脚のほうに、上体をひねってキープする。

この姿勢で30秒 左右

POINT
股関節を前に突き出すイメージで腰を下ろしていく

簡単アレンジ編 膝が痛い人・体が硬い人向け

1 脚を前後にして座る。脚が後ろ側の手は腰に添え、もう一方は体の横で床に着く。

POINT
上体は背筋をしっかりと伸ばす

2 息を吐きながら腰を前に押し出し、手が着いている方向に上体をひねる。

POINT
ひねるときに腰を前に押し出す

予防ストレッチ&トレーニング
脊柱の側屈・伸展・回旋
STRETCH&TRAINING

1 膝を直角に曲げ両脚を上げる
仰向けになり、両手を広げ、両脚は膝を直角に曲げて持ち上げる。

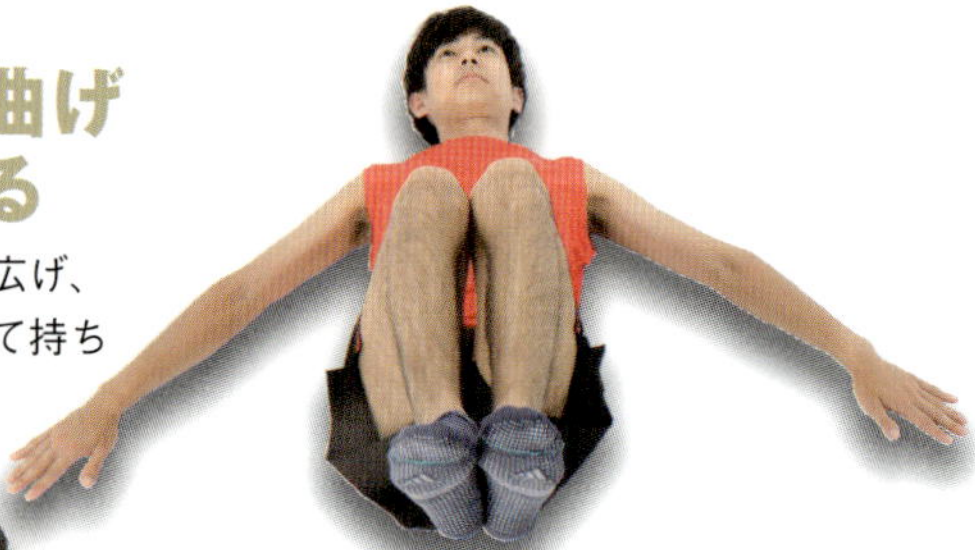

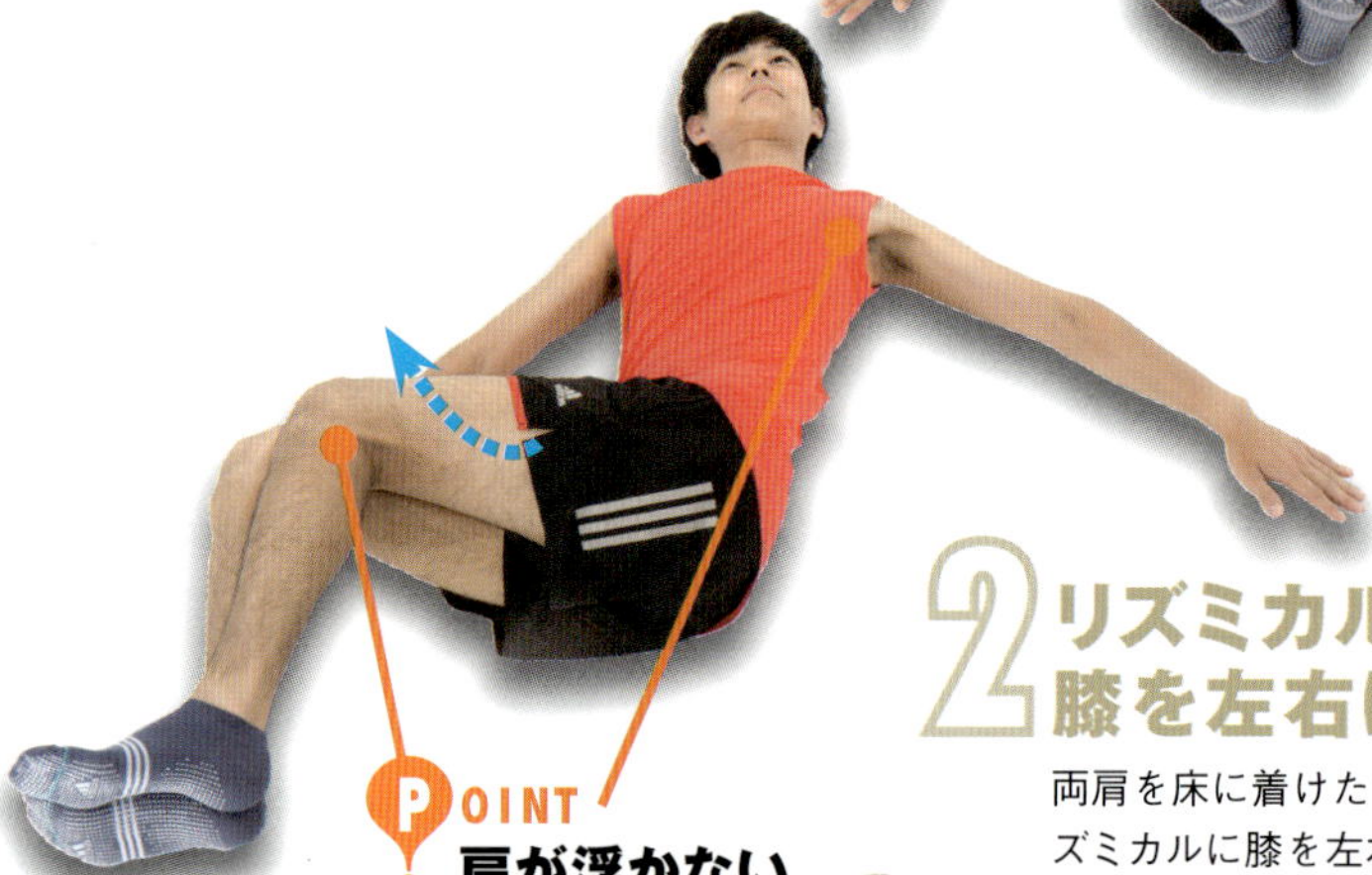

POINT
肩が浮かないように膝を倒していく

2 リズミカルに膝を左右に倒す
両肩を床に着けたまま、リズミカルに膝を左右に倒す。20 ～ 30回繰り返す。

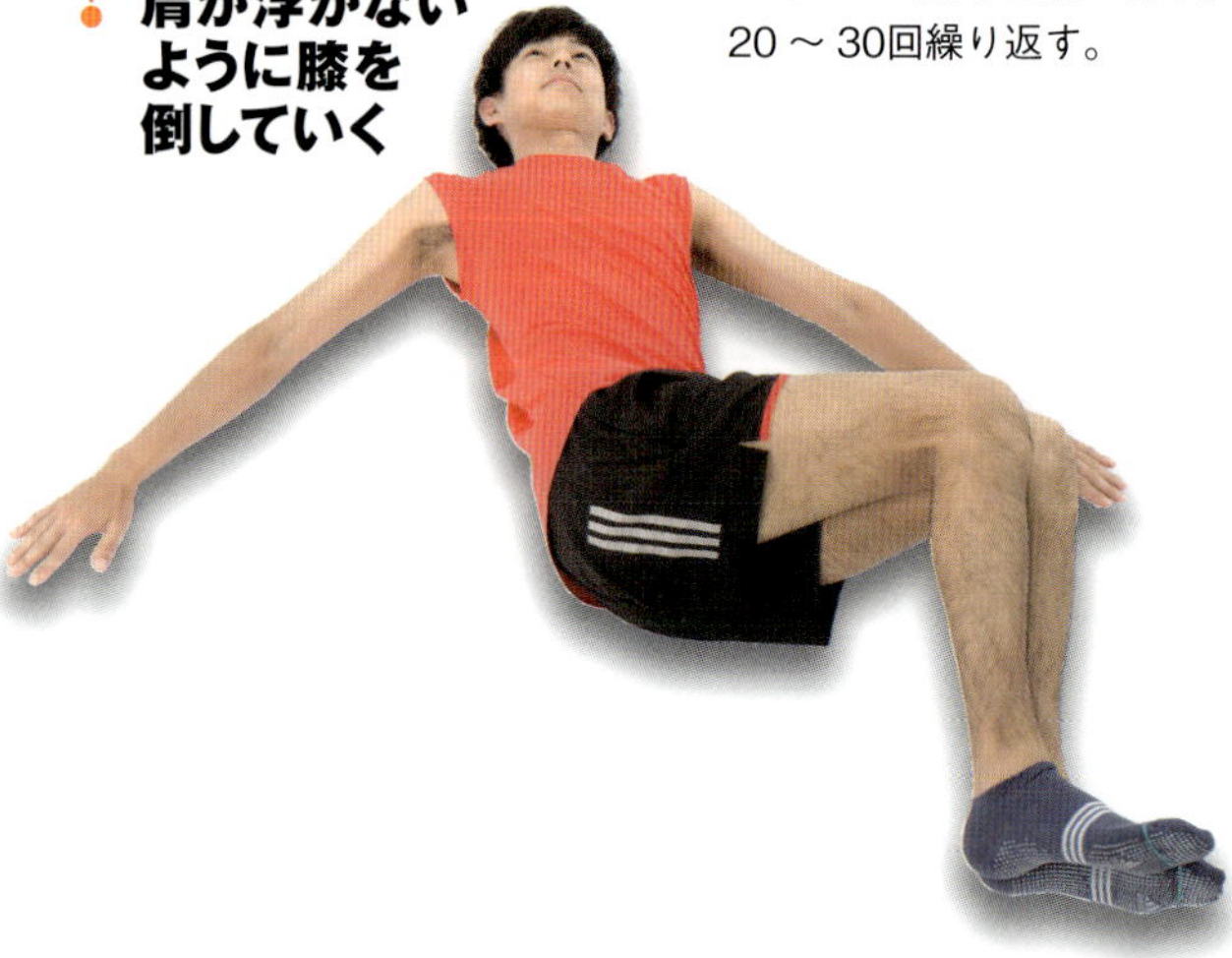

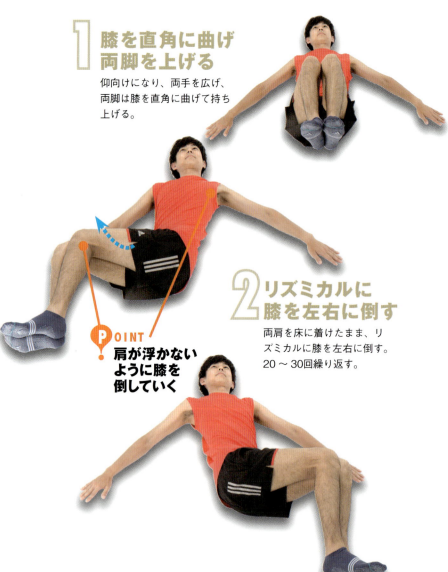

追加で行いたい予防ストレッチ

ハムストリングス …P.40,P.50,P.52

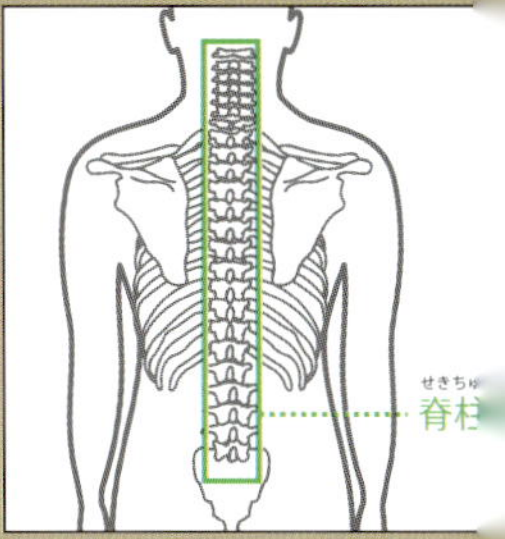

1 両手を広げてうつ伏せになる

POINT
肩がなるべく上がらないように

2 片方の膝を曲げて逆側に下ろす

片方の膝を直角に曲げて持ち上げ、息を吐きながら逆側に下ろしていき、足を床に着ける。左右交互に20回行う。

腰の痛み

Karte 11

「日頃から悩んでいる人が多い腰痛のケア」

症状

腰をひねったり、反らせたり、伸ばしたりしたときに痛む。徐々に痛くなる。

診断

「腰《よう》椎《つい》分《ぶん》離《り》症《しょう》」・「腰《よう》椎《つい》すべり症《しょう》」が疑われる。

腰椎の上・下関節突起の間（関節突起間部）に、ストレスがかかり、骨の連続性がなくなり（疲労骨折し）、痛みが出る。

腰を伸ばしたり、ひねったり、反らしたりしたときに腰が痛む場合、**腰椎分離症**、または**腰椎すべり症**が疑われます。**ギックリ腰のように急激に痛みが生じるのではなく、徐々に痛んでくるのが特徴**です。

腰椎分離症は、腰椎（腰の部分の骨）の上・下関節突起の間

痛みを予防するストレッチ&トレーニング

- **内転筋群** STRETCH▸▸▸P.96
- **腹斜筋・腰背部** TRAINING▸▸▸P.98
- **腹横筋・腹直筋** TRAINING▸▸▸P.100
- **大腿四頭筋** STRETCH▸▸▸P.38,P40

予防策は、内転筋群と大腿四頭筋のストレッチを、時間をかけてしっかり行うこと。腹横筋、腹斜筋などの筋力が足りないことも腰痛の原因に考えられるのでトレーニングしよう。

痛みの原因

- 成長期に、腰をひねる運動や腰に直接負担がかかるスポーツをしていた。
- 繰り返し、腰をひねる動作（スポーツなど）をしている。
- 体幹部が過度に後傾して走っている。
- 走行距離が多い。
- 急激に走る距離を伸ばした。
- 膝が完全に伸びきって接地している。
- 大腿四頭筋（大腿直筋）や内転筋群の柔軟性が足りない。
- 腹横筋、腹斜筋などの筋力が足りない。

（関節突起間部）で骨の連続性がなくなっている状態をいいます。特に第5腰椎（一般的に5つある骨のうち、上から5番目）に多く見られます。また、腰椎が前から後ろにずれた状態を、腰椎すべり症といいます。

腰椎分離症は、成長期に見られる腰痛の原因の1つにあげられます。成長期に腰に負担のかかるスポーツなどをし、関節突起間部にストレスが重なって生じる疲労骨折と考えられています。分離部分の亀裂が進行しているときに症状が強くなり、逆に完全に分離しているときは、痛みを感じない場合もあります。

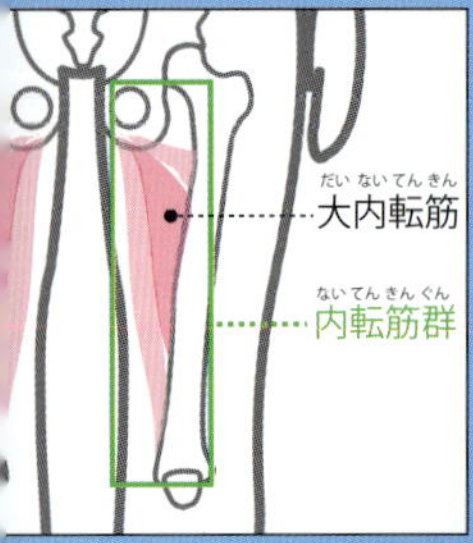

予防ストレッチ 内《ない》転《てん》筋《きん》群《ぐん》 STRETCH

1 ストレッチポールに脚を乗せる

あぐらをかき、片方の脚を伸ばして、ストレッチポールの上に足首からふくらはぎを乗せる。

POINT
背筋を伸ばし上体を起こす

POINT
1の姿勢のときはつま先と膝は上を向いている

STRETCH Menu

内転筋群

追加で行いたい予防ストレッチ

内転筋群 …P.46

この姿勢で30秒 左右

2 上体を倒しながらつま先をひねる

息を吐きながら、上体を倒していく。同時に、ポールを体から遠ざかるように転がしながら、つま先を前方へ捻ってキープする。もう一方の脚も同様に行う。

POINT
内ももを地面に押しつけるようにすると自然に股関節も回旋する

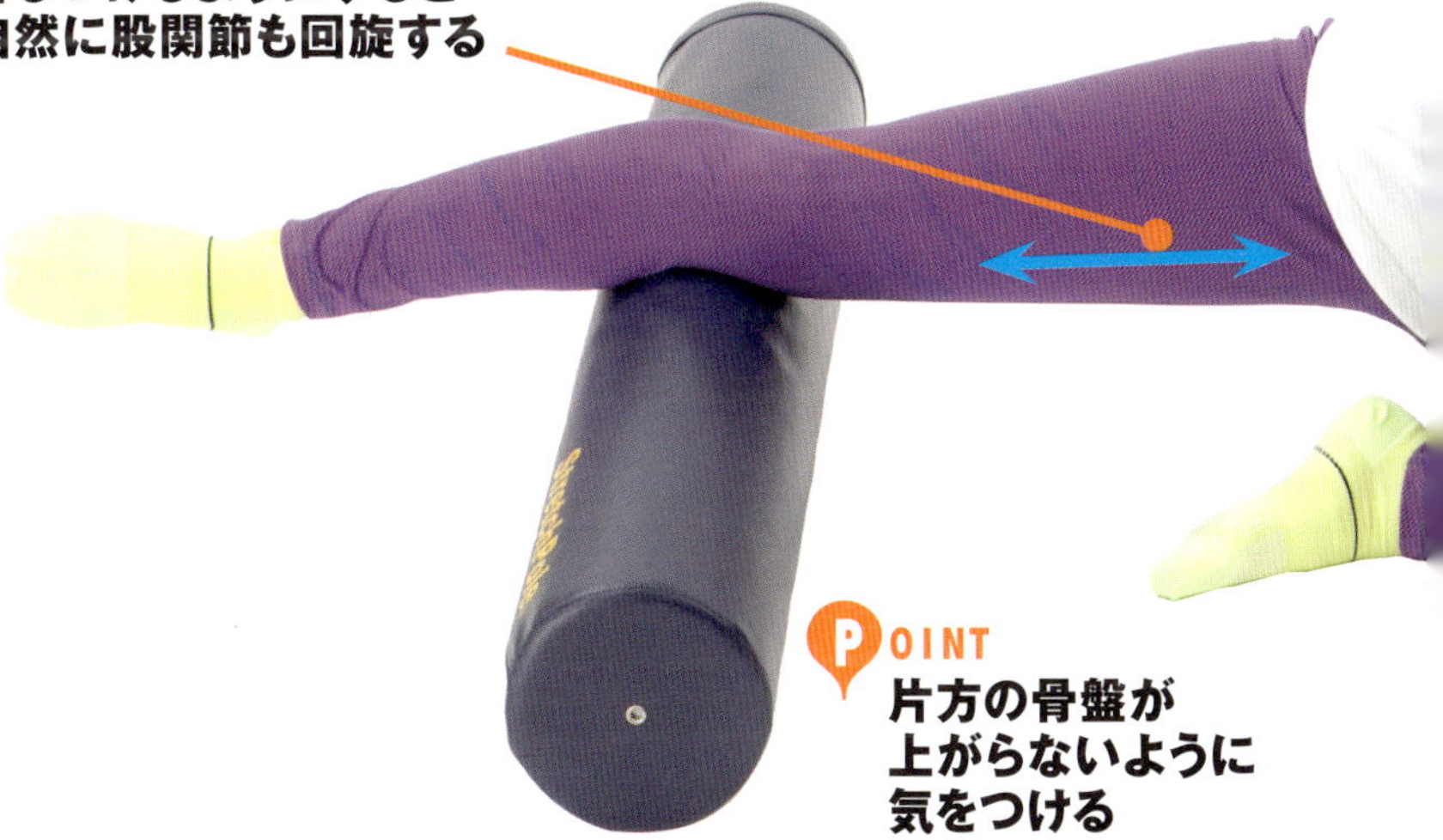

POINT
片方の骨盤が上がらないように気をつける

簡単アレンジ編 腰が痛い人向け

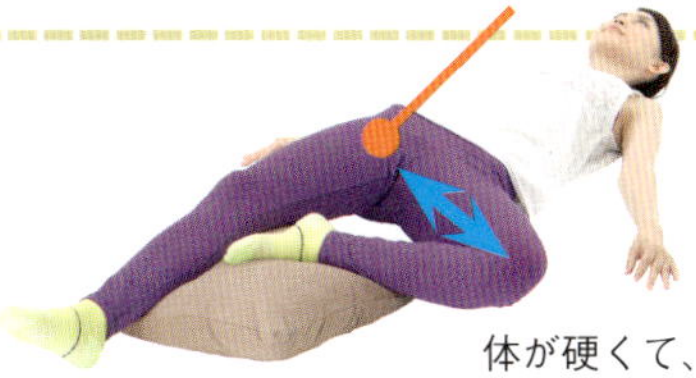

仰向けになり、膝を曲げて、両足の裏を合わせてクッションの上に置く。

体が硬くて、両脚いっぺんにできない人は、片脚ずつ行ってもよい。

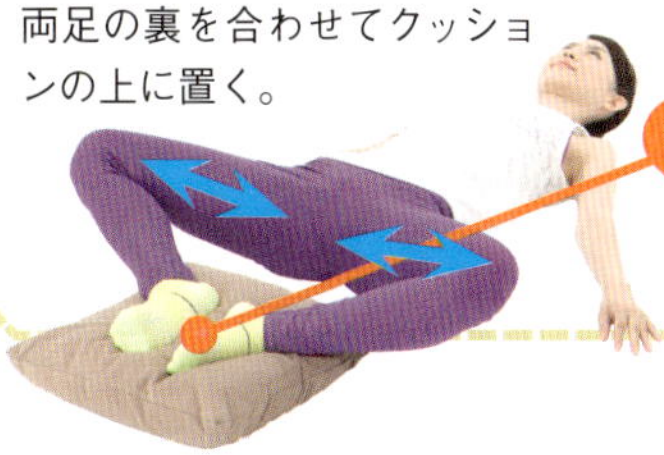

POINT
クッションで高さをもたせることで腰の負担を軽減する

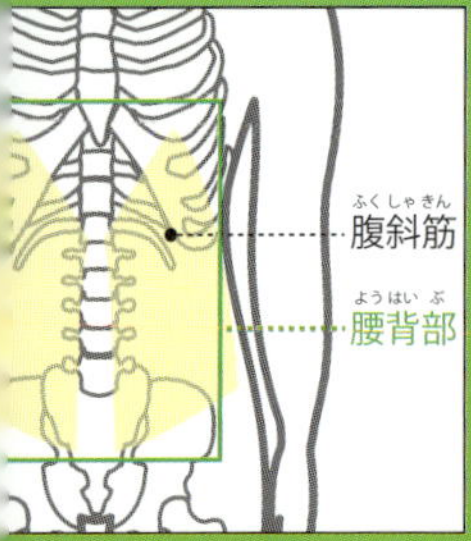

予防トレーニング①
腹《ふく》斜《しゃ》筋《きん》・腰《よう》背《はい》部《ぶ》
TRAINING

1 肩の高さでタオルを持つ

両膝を立てて座る。上体は、完全に起き上がらない程度に起こす。両手を肩よりも少し広めに開いて、タオルを持つ。

2 上体を斜め下にひねる

1の姿勢から、状態を斜め下に向けて捻っていく。元の位置に戻す。左右20回ずつ行う。

POINT
足裏はなるべく地面から離れないようにする

POINT
4秒かけてひねる
4秒かけて戻る

1 バランスボールに足を乗せる

仰向けになり、両足をバランスボールの頂点の辺りに乗せる。両手は体の横で手の平を上に向ける。

POINT
かかとは上を向ける

この姿勢で**30秒**

2 腰を持ち上げる

腰を持ち上げて、肩から足まで体が一直線になった状態でキープする。

POINT
4秒かけて持ち上げて2秒静止
4秒かけてゆっくり下ろす

簡単アレンジ編

この姿勢で**20回** 左右

1 仰向けになって、両脚のふくらはぎを椅子の座面に乗せる。上体は、背中を床に着けたまま。片方の手は頭の後ろに置く。

2 体側を起こして、頭の後ろにあった手を、斜め前方に伸ばす。20回繰り返す。左右を変えて同様に行う。

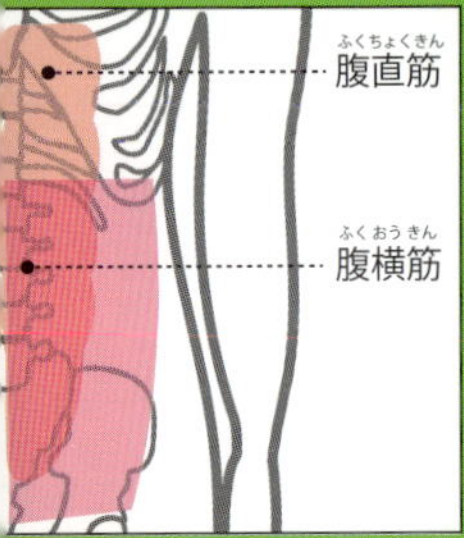

予防トレーニング②
腹《ふく》横《おう》筋《きん》・腹《ふく》直《ちょく》筋《きん》 TRAINING

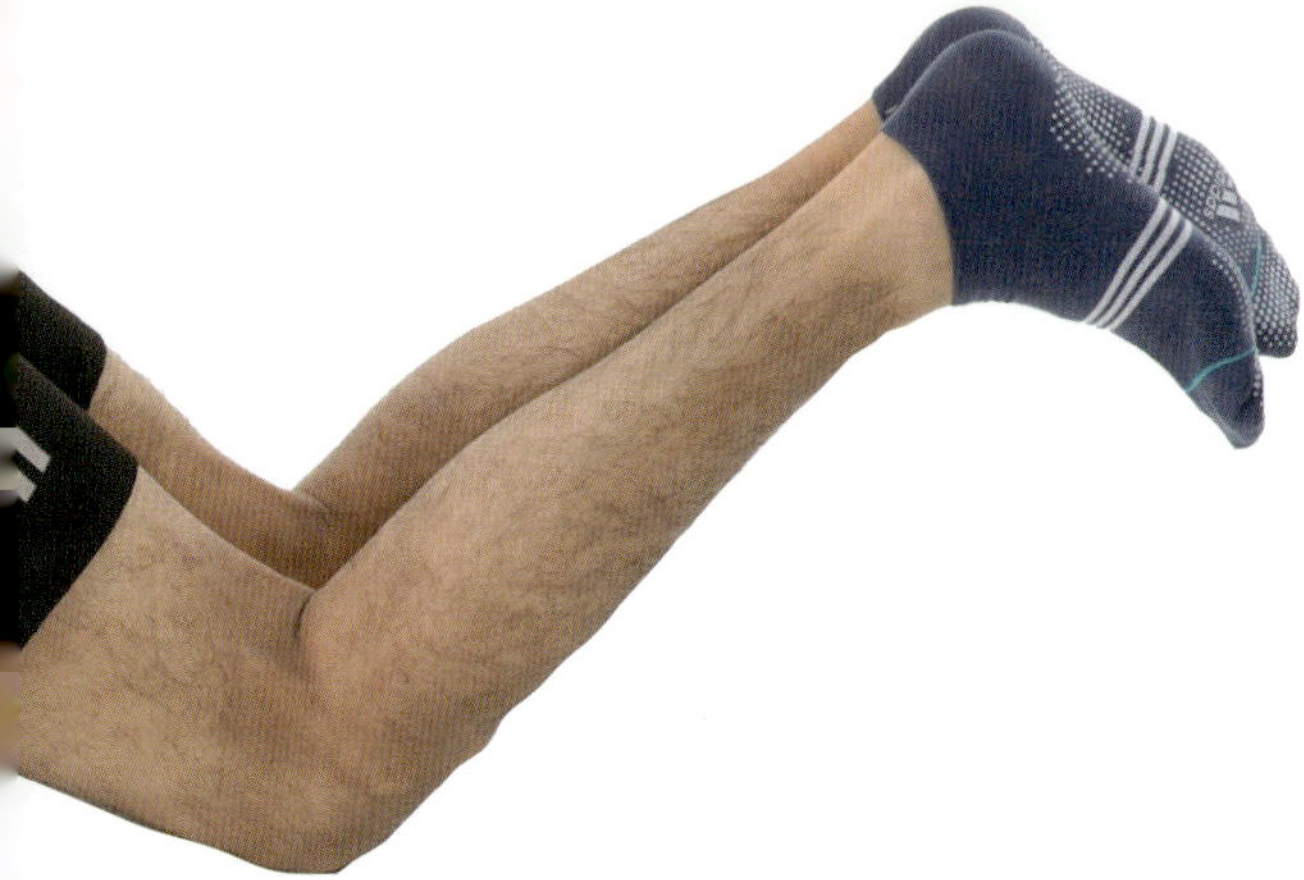

1 両肘と両膝を床に着ける

うつ伏せになり、両肘と両膝を床に着ける。腰は反らせてリラックスさせる。

POINT
肩の真下に肘がくるようにする

POINT
**お腹を引き込むように
深部の腹横筋を意識**

2 へそを覗き込み 腰を丸め上げる

腰を上げて、骨盤と背中を丸めていく。へそを覗き込むような姿勢で4秒腰を上げて、4秒かけて下げる。

この姿勢を10回

簡単アレンジ編

バランスボールに肘をついて行うと、より効率的にトレーニング効果を得られる。

この姿勢を30秒

脚の付け根の痛み

Karte 12

「股関節周りを運動する前にしっかりほぐそう」

症状

着地時や蹴り出した足を引き戻すときに、脚の付け根（股関節内側）が痛む。

診断

「腸《ちょう》腰《よう》筋《きん》膜《まく》炎《えん》」が疑われる。

地面を後ろ足で蹴り上げる動作に不可欠な腸腰筋の筋線維に微細な部分断裂などが起き、蹴り足が流れると腸腰筋腱が引き伸ばされ、痛みを感じる。

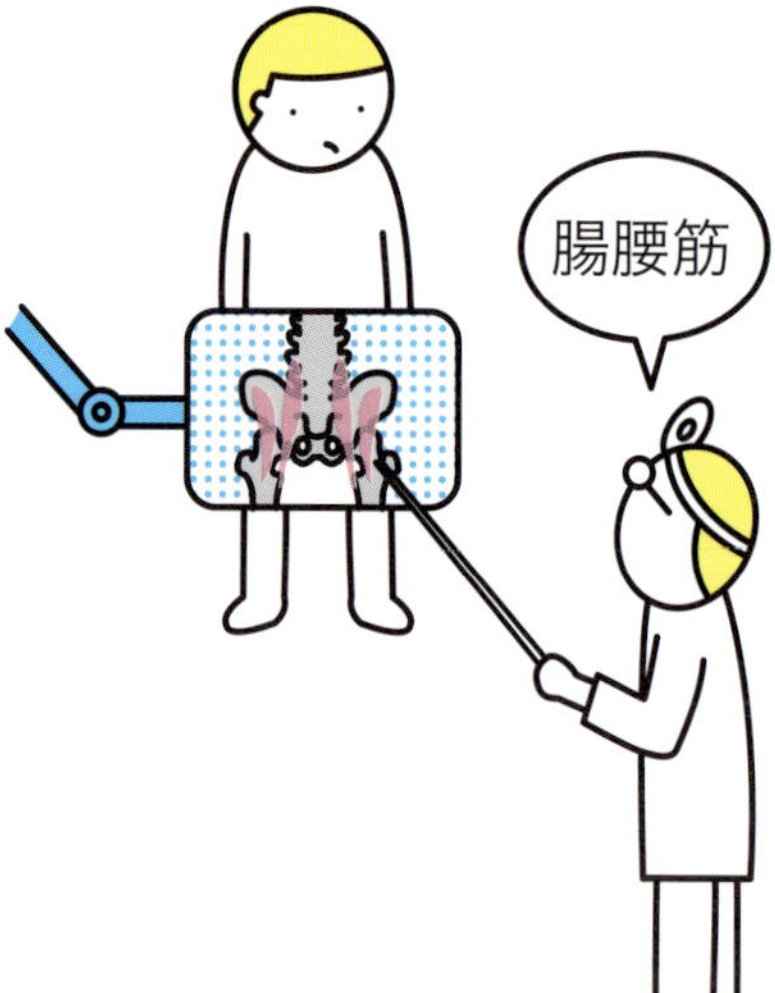

腸腰筋は、腰椎と大腿骨を結ぶ深層部の筋肉で、体を支える筋肉であるだけでなく、走ったり歩いたりする際に、地面を後ろ足で蹴り上げる動作に必要不可欠な筋肉でもあるのです。

蹴り足が流れると腸腰筋腱が引き伸ばされますが、このときに筋線維に微細な部分断裂など

痛みを予防するストレッチ&トレーニング

- 股関節周辺 STRETCH ▶▶▶P.104
- 大腿四頭筋 TRAINING ▶▶▶P.106

予防策は、股関節周辺のストレッチをしっかり行うこと。強度の高いトレーニングをする際には特に念入りに。大腿四頭筋の筋力をつけることも大事。

痛みの原因

- 高強度のトレーニング時に、フォームが後傾位気味になっている。
- 上り坂をハイペースで走る。
- 大腿四頭筋の筋力が足りない。
- ハムストリングスの柔軟性が足りない。
- 股関節周辺のウォーミングアップが不足している。
- 痛みが残っている状態で無理をして走る。

が起きるのが腸腰筋腱炎で、着地時や足を引き戻す際に、股関節の内側に痛みが生じます。蹴り足を引き戻そうとするときに、股関節を屈曲させ大腿四頭筋や腸腰筋に負担がかかることが原因で、特に後傾気味のフォームで走っている人は注意が必要です。

ランニング中に痛みが生じたら、安静にして、アイシングなどで適切にケアすること。軽症であれば1～2週間の休養で済みますが、重症だと完治まで2～3カ月かかり、日常生活に支障をきたすこともあります。再発率が高いので、痛みが引くまでは無理をしないように。

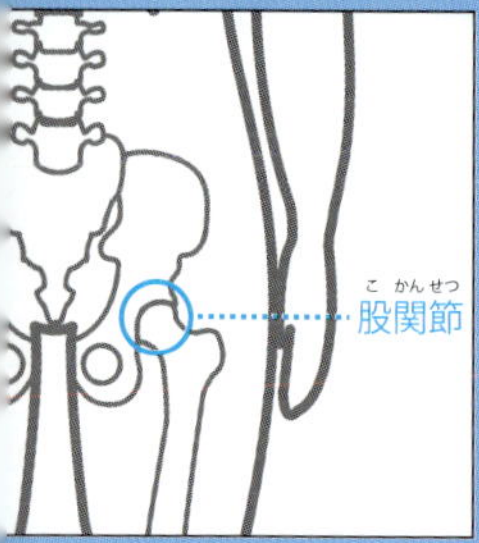

予防の動的ストレッチ
股《こ》関《かん》節《せつ》周《しゅう》辺《へん》
STRETCH

1 片方の脚を一歩後ろへ引く

直立した姿勢から、片方の脚を一歩後ろへ引く。

2 後ろの脚の膝を上げる

後ろの脚を、膝を上げて外から回すようにして前方へ。

この姿勢で **20回** 左右

追加で行いたい予防ストレッチ
ハムストリングス …P.44

3 膝を前に向ける

ハードルをまたぐようにして膝を前に向ける。1～3をスムーズに20回繰り返す。もう一方の脚も同様に行う。

POINT
半円を描くように股関節を回旋する

NG
猫背にならない

猫背になると、脚が上がらず、十分回せない。

POINT
動的ストレッチなのでリズミカルに動きましょう

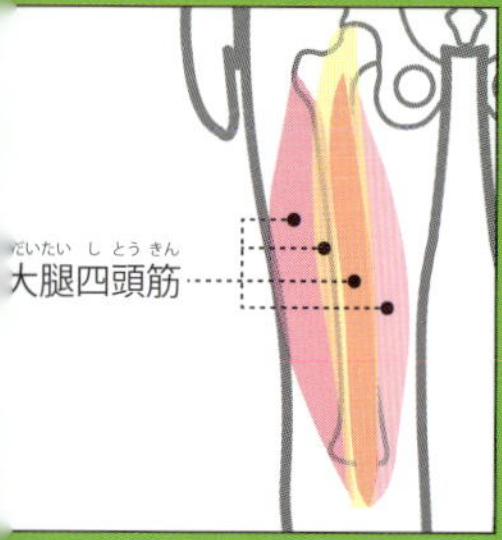

予防トレーニング 大《だい》腿《たい》四《し》頭《とう》筋《きん》 TRAINING

2 前の脚の膝を伸ばしていく

息を吐きながらゆっくりと前の脚の膝を伸ばし、後ろの脚を浮かせる。4秒で伸ばして4秒で曲げる、もう一方の脚も同様に行う。

1 脚を前後に開く

脚を大きく前後に開いて、前の脚は膝を曲げ、後ろの脚は伸ばす。両手は腰の後ろで組む。

POINT
太ももの前側(大腿四頭筋)を意識すること

猫背にならない

背中が丸まっていると、効率的に鍛えられない。

体が一直線になるように
背筋を伸ばす
この
姿勢で
20回
左右

簡単アレンジ編 腸腰筋トレーニング

1 椅子に浅く座り、片脚を前方に伸ばす。

2 上体を起こし、伸ばしたほうの脚の膝と顔とを近づける。左右20回行う。

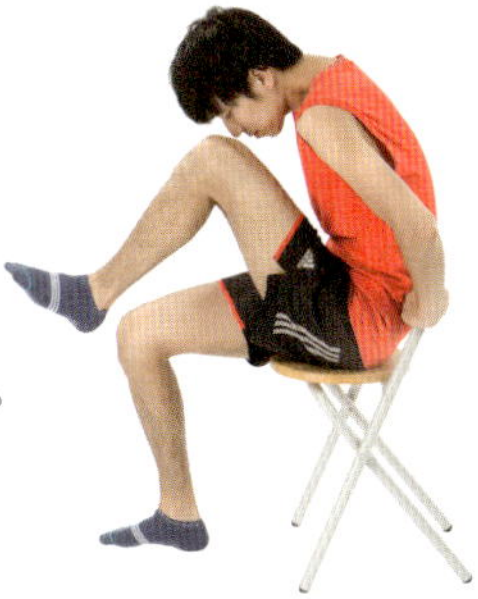

Karte 13

股関節周辺の痛み

股関節の可動域を広げることがケガ予防に

症状

ランニング時や急な方向転換をしたときに、股関節周辺が痛む。

診断

「恥《ち》骨《こつ》結《けつ》合《ごう》炎《えん》」

（鼠《そ》蹊《けい》部《ぶ》周《しゅう》囲《い》炎《えん》）

などが疑われる。


ランニングやキック動作などで、恥骨結合周辺や股関節、骨盤、鼠蹊部に繰り返しストレスが加わることで、炎症が生じ、痛みが出る。

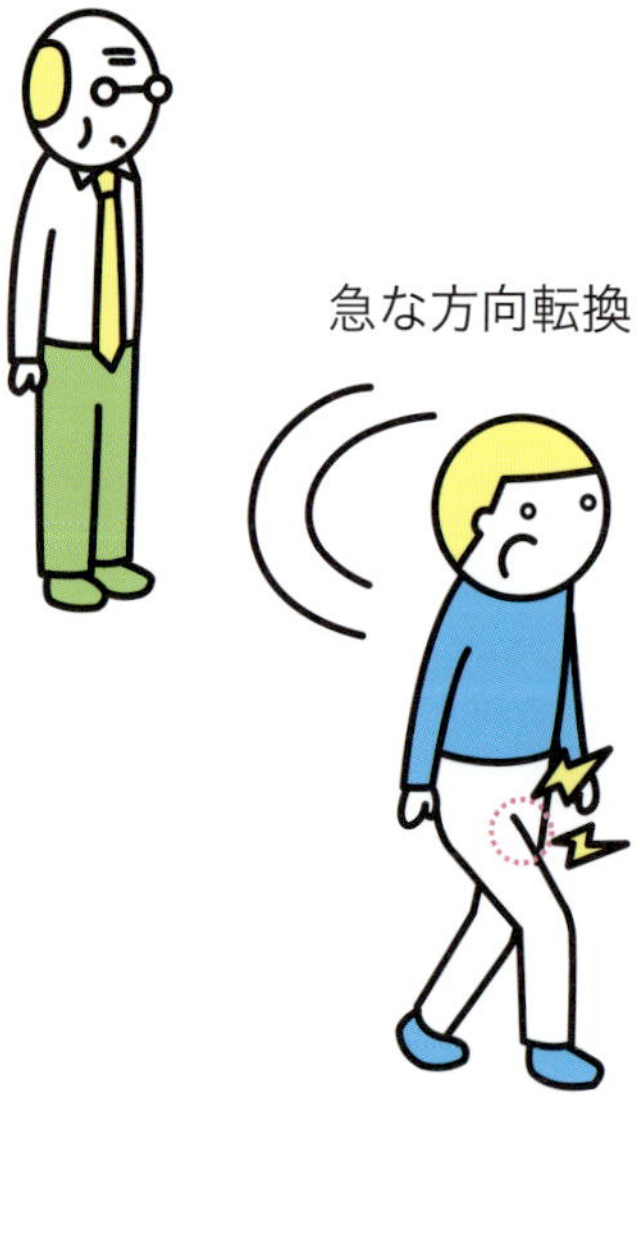

股関節の周辺が痛む場合、実際には様々な障害が考えられ、障害や原因を特定するのはなかなか難しいものです。恥骨結合炎の他にも、似たような症状の障害には、大腿内転筋付着部炎、大腿直筋炎、腹直筋付着部炎、腸腰筋炎、スポーツヘルニアなどがあります。

痛みを予防するストレッチ&トレーニング

腰椎・骨盤周辺
STRETCH&TRAINING ▸▸▸ P.110

内転筋群
STRETCH&TRAINING ▸▸▸ P.46,P96

予防策は、バランスボールなどを使って骨盤や股関節の動きの改善を目的としたストレッチ&トレーニングを行うこと。余裕があれば大腿四頭筋、内転筋群も鍛えよう。

痛みの原因

- 急激な方向転換が要求される運動をしている。
- 股関節の柔軟性が不足しているために、股関節の可動域が制限されている。
- 左右で脚の長さの差が大きい。
- 内転筋群のオーバーユース。

恥骨結合炎は、左右両サイドの恥骨を結合する軟骨円板という箇所が、ランニングやキック動作などの繰り返しの運動によってストレスが加わり、炎症を起こす障害です。股関節が硬く可動域が狭かったり、左右の脚の長さに差があったりすることも原因となることがあります。

恥骨は骨盤の一部で、恥骨結合は左右2つの恥骨が軟骨円板にて結合し、体幹部の前面にあります。ここには、上《じょう》恥《ち》骨《こつ》靱帯《じんたい》、恥《ち》骨《こつ》弓《きゅう》靱帯《じんたい》、内転筋群、腹直筋、薄筋など数多くの筋腱が付着しているので、先に書いたように様々な障害が起きやすいのです。

予防ストレッチ&トレーニング
腰《よう》椎《つい》・骨《こつ》盤《ばん》周《しゅう》辺《へん》
STRETCH&TRAINING

1 椅子の背もたれにボールを挟む

椅子に座り、背もたれと背中の間にスモールボールを挟む。

POINT
腰の部分が動いているのを意識

2 お尻を突き出すようにボールをつぶす

お尻を突き出すようなイメージで背中を丸めずに腰でボールをつぶす。1と2を20回繰り返す。

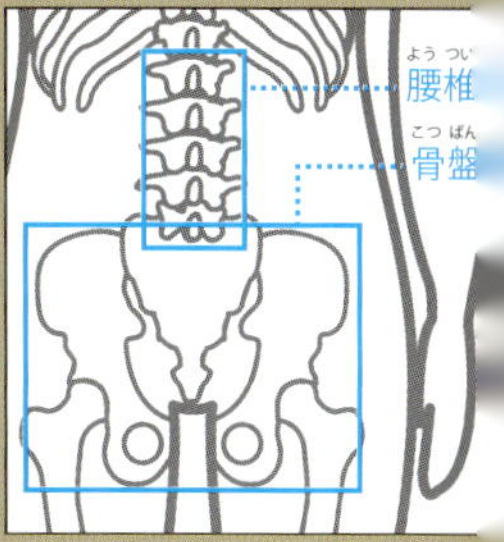

追加で行いたい予防ストレッチ&トレーニング

大腿四頭筋 …P.106
内転筋群 …P.96

1 バランスボールに座る

背筋を伸ばして、バランスボールに浅く腰掛ける。

2 ボールを前へ転がす

ボールを前に転がすように、骨盤を後傾させる。1～2を連続してリズミカルに20回行う。

POINT

骨盤の前傾、後傾の動作をリズミカルに繰り返す腰椎全体をほぐすイメージで

お尻から太ももに沿っての痛み

Karte 14

梨状筋の
オーバーユース
のトラブル

症状

お尻や太ももの外側に沿っての鈍痛。お尻の深層部に違和感がある。

診断

「梨状筋症候群《りじょうきんしょうこうぐん》」
が疑われる。

股関節の深層部にある梨状筋が硬くなり、間に通っている座骨神経を圧迫するために、痛みや違和感が発生する。

お尻から太ももの裏にかけて鈍い痛みやしびれがあるときは、**梨状筋症候群**が疑われます。お尻の大部分は大臀筋に覆われていますが、その奥には外旋筋と呼ばれる筋肉群があり、その1つに**梨状筋**があります。**外旋筋で最も障害を起こしやすい筋肉**とも言われています。

痛みを予防するストレッチ&トレーニング

梨状筋・大臀筋

STRETCH ▸▸▸P.114

予防策は、走ったり歩いたりするときに使う梨状筋のストレッチを行うこと。大臀筋もほぐすようにしよう。

痛みの原因

- 走ったり、歩いたりするときに使われる梨状筋のオーバーユース。
- 仙腸関節が機能障害を起こしている。
- 硬い路面を走っている。
- 走行距離が多い。
- 大臀筋の柔軟性が足りない。

梨状筋は、股関節を外側に回す働きをしており、歩いたり走ったりするときには常に使われている筋肉ですが、深層部にあるのでなかなか意識できません。梨状筋の間には、骨盤から脚に向かって座骨神経が通っていますが、梨状筋が硬くなると、座骨神経を圧迫してしまいます。そのため、痛みや違和感が生じるのです（座骨神経痛）。梨状筋を含めた臀部をストレッチして、柔軟性を取り戻しましょう。

女性の場合は、子宮内膜症など婦人科系の病気で梨状筋が硬くなることもあるので、婦人科で診察を受けましょう。

お尻から太ももに沿っての痛み

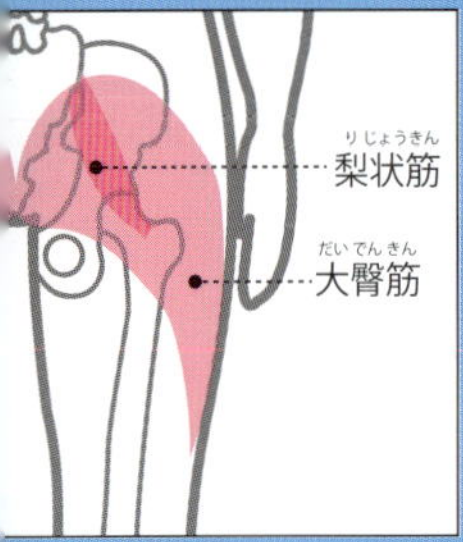

予防ストレッチ
梨状筋《りじょうきん》・大臀筋《だいでんきん》 STRETCH

1 うつ伏せになり足首をつかむ

うつ伏せになって片方の膝を曲げ、くるぶしの内側に手をそえて外側に倒していく。もう一方の脚も同様に行う。

POINT
骨盤が浮き上がらないように注意

この姿勢で **30秒** 左右

簡単アレンジ編 体が硬い人向け

くるぶしをつかめない人は、タオルを足部にかけて行ってもよい。

簡単アレンジ編 体が硬い人向け

膝の下にクッションをたたんで敷くと広範囲のストレッチとなる。

追加で行いたい予防ストレッチ

大臀筋 …P.88

1 椅子に座り足首を太ももに乗せる

椅子に深く座って片方の足首をもう一方の脚の太ももの上に乗せる。手は乗せた脚に添える。

POINT
骨盤は立てる。背中を丸めない

この姿勢で30秒

2 上体を倒していく

息を吐きながら、脚の付け根から上体を倒していく。この姿勢をキープする。

簡単アレンジ編 梨状筋が硬い人向け

片膝を立てて、もう一方の太ももをまたぎ、膝の外側に足を着く。曲げた脚を胸に近づけてキープする。

この姿勢で30秒 左右

POINT
お尻を浮かせない

肉離れを起こした痛み

Karte 15

走ってるときのブチッには要注意！

症状

走行時に、太ももの裏からブチッと音が聞こえ、力を入れると痛みが走る。

診断

「ハムストリングス損傷《そんしょう》」
（肉離《にくばな》れ）
が疑われる。

股関節を伸展させる働きをしているハムストリングスに大きな負荷がかかり、筋線維が部分的に切れてしまう。

太ももの前側には大腿四頭筋、後ろ側にはハムストリングスという筋肉があります。ハムストリングスは股関節を伸展させる働きをしており、接地時に地面を後ろに蹴り上げて、推進力を得るための大事な筋肉です。

走っているときには、大腿四頭筋とハムストリングとが交

痛みを予防するストレッチ&トレーニング

ハムストリングス STRETCH ▶▶▶P.118

予防策は、ハムストリングスのストレッチを行うこと。ストレッチポールなどを使って、練習後によくほぐすようにしよう。アイシング（20ページ参照）のケアもしっかり行うこと。

痛みの原因

- ハムストリングスの柔軟性や筋力が低下している。
- 太ももの前後の筋力と柔軟性のバランスが悪い。
- 大腿四頭筋とハムストリングスの切り替わりのスイッチがうまくいかない。
- ハムストリングスを使い過ぎている。
- 下肢全体の柔軟性が足りない。
- 下肢全体の筋力のバランスが悪い。

互に力を出すことによって、スムーズに脚を運ぶことができます。しかし、出力的にはハムストリングスのほうが弱いとされており、疲労などが原因で、この切り替えのスイッチがうまくいかないと、ハムストリングスに大きな負荷がかかり、ブチッと肉離れが起きてしまいます。脚を巻いて走ったり、後ろに流れたりする癖がある人は、特に気をつけましょう。

　ハムストリングスを肉離れすると、力がうまく入らなくなり、力を入れようとすると痛みが出ます。1秒でも早く患部をアイシングしましょう。

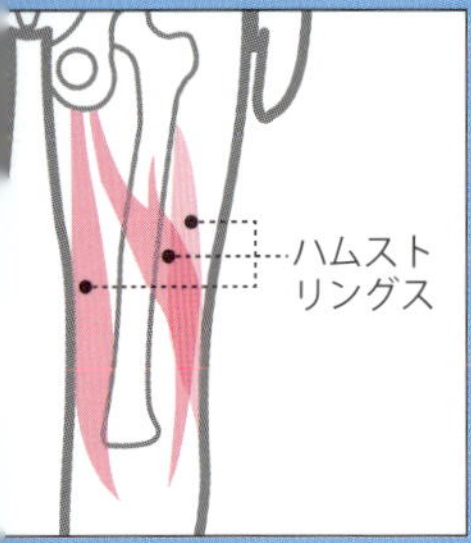

肉離れを起こした痛み

Karte 15

予防ストレッチ ハムストリングス

STRETCH

1 足首をストレッチポールに乗せる

あぐらをかいて、片方の脚を伸ばし、足首の後ろ側をストレッチポールに乗せる。

POINT
高さを利用することで脚の付け根部分までよく伸びる

この姿勢で30秒左右

2 つま先を上方に向ける

息を吐きながら上体を倒し、足裏を両手で持って、つま先を上方に向けてキープする。

POINT
膝は無理に伸ばさずに軽く曲げておく

追加で行いたい予防ストレッチ

大臀筋 …P.88

3 つま先を外側に向ける

つま先を外側に向けてキープ。太ももの裏（ハムストリングス）の外側が伸びる。もう一方の脚も同様に行う。

この姿勢で **30秒** 左右

4 つま先を内側に向ける

つま先を内側に向けてキープ。太ももの裏（ハムストリングス）の内側が伸びる。もう一方の脚も同様に行う。

簡単アレンジ編

POINT
脚の付け根から動かして脚全体を内・外側に向ける

1 仰向けになり、足部にストレッチバンドをかけ、もう一方の端は腰にかける。バンドをかけた脚を高く上げてキープ。

この姿勢で **30秒** 左右

2 1の姿勢から、つま先を内側に向けてキープする。もう一方の脚も同様に行う。

この姿勢で **30秒** 左右

首から背中の痛み

Karte 16

「首や背中の張りや痛みは腕振りが原因？」

症状

走っているときに首や背中に張りがある。また、安静時にも張りを感じる。

診断

「肩と首の筋力不足による張り」が疑われる。

走っている最中に、緊張したり疲労で筋力が低下して、肩甲骨や鎖骨、上腕骨の連動がうまくいかなくなり、凝る、張るといった症状が出る

首や背中周りが張る原因は、主に走るときの腕振りに問題があることが多いようです。さらに、その要因には、**肩や首の筋肉の筋力不足**があります。

腕振りは、肩甲骨と鎖骨、上腕骨が連動することで、スムーズに振れます。また、それには肩甲骨の動きに関わる**菱形筋**《りょうけいきん》、

痛みを予防するストレッチ&トレーニング

首から背中　STRETCH ▶▶▶P.122

予防策は、肩関節と肩甲骨を動かせるように肩や背中、首周りの筋肉をよくほぐすこと。

痛みの原因

- **肩や背中、首周りの筋肉の柔軟性や筋力が低下している**
- **肩関節と肩甲骨とがうまく連動しない**
- **菱形筋（肩甲骨の動きに関わる背中にある深層筋）と板状筋（首の後ろの筋肉）のバランス、動くタイミングが悪い**

それと連動して働く板状筋《ばんじょうきん》といった様々な筋肉が関与します。走っている最中に、それらの筋肉が緊張したり、疲労で筋力が低下したりすると、肩甲骨などの連動がうまくいかなくなります。その結果、凝る、張るといった症状が発生するのです。

また、肩に力が入りすぎていると、呼吸が非効率になり軽度の頭痛が起きることがあります。

日常生活においても体の筋バランスは重要です。バランスの悪さが原因でランニング中に違和感が出るようであれば、少しの間ランニングを中断し、筋バランスの強化を行いましょう。

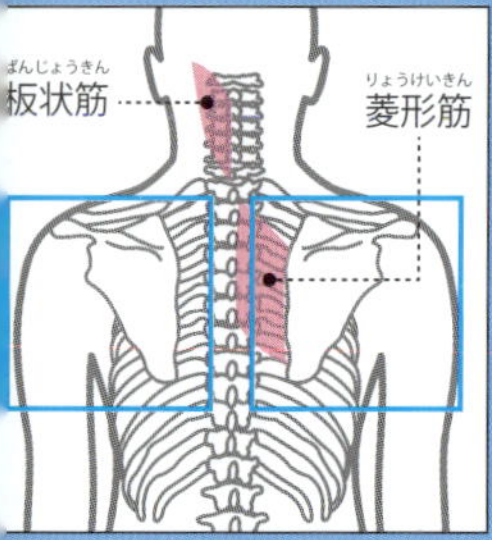

予防の動的ストレッチ 首から背中 STRETCH

1 頭を後ろに倒す

両手を耳の後ろ辺りに添えて、両肘を開く。肩甲骨を寄せながら上を見るように首を反る。

POINT
肩甲骨を寄せるのと同時に首を反る

2 頭を前に傾ける

肘を閉じて、背中を丸めていきつつ、頭を前に傾ける。1、2をリズミカルに20回繰り返す。

POINT
首を丸めるのと同時に肩甲骨を開く

POINT
動的ストレッチなのでリズミカルに動かすこと

COLUMN 4

ビギナーランナーとベテランランナー 発症しやすい障害が違う

走り始めたばかりのビギナーランナーと、ランニング歴が何年にもなるベテランランナーとでは、当然痛めやすい箇所や、発症しやすい障害が違ってきます。

ビギナーの場合、そもそも走るための機能が備わっていません。突然走り始めたら関節や筋肉に負担がかかってしまいます。ケガのリスクが高くなるのも当然のことです。特にビギナーに多い障害は、腸脛靱帯炎（28ページ参照）、鵞足炎（42ページ参照）、シンスプリント（126ページ参照）です。膝関節自体が痛めやすいので、太ももや膝周りの筋力を強化しましょう。

ベテランランナーの場合は、走り過ぎに注意しましょう。スポーツ障害の多くは、オーバーユース（使い過ぎ）が原因で起こります。一般的に、月間走行距離が200㎞を超えると障害発症率がぐんと上がると言われています。走る量を増やすのであれば、その分、筋力トレーニングやストレッチなどのケアにも取り組みましょう。また、変形性膝関節症（48ページ参照）など年齢を重ねるほど発症リスクが高い障害もあるので、ご自身の年齢や体調と向き合いつつ、ランニングに取り組んでください。

PART 5

ランケア
下肢の痛み

激しい練習の後には必ず下肢のケアを。
下肢周辺のトラブルを防ぐ予防ストレッチ＆トレーニングを紹介！

脚の脛《すね》の痛み

Karte 17

「ビギナーに多い脛の痛みはシンスプリント」

症状

走った後に脛に沿って鈍痛がする。特に脛の内側を押すと強い痛みが走る。

診断

「シンスプリント」が疑われる。

ランニング時に前脛骨筋と後脛骨筋に負荷がかかり、脛骨の骨膜から引き離そうとする力が生じ、炎症・痛みが起きる。

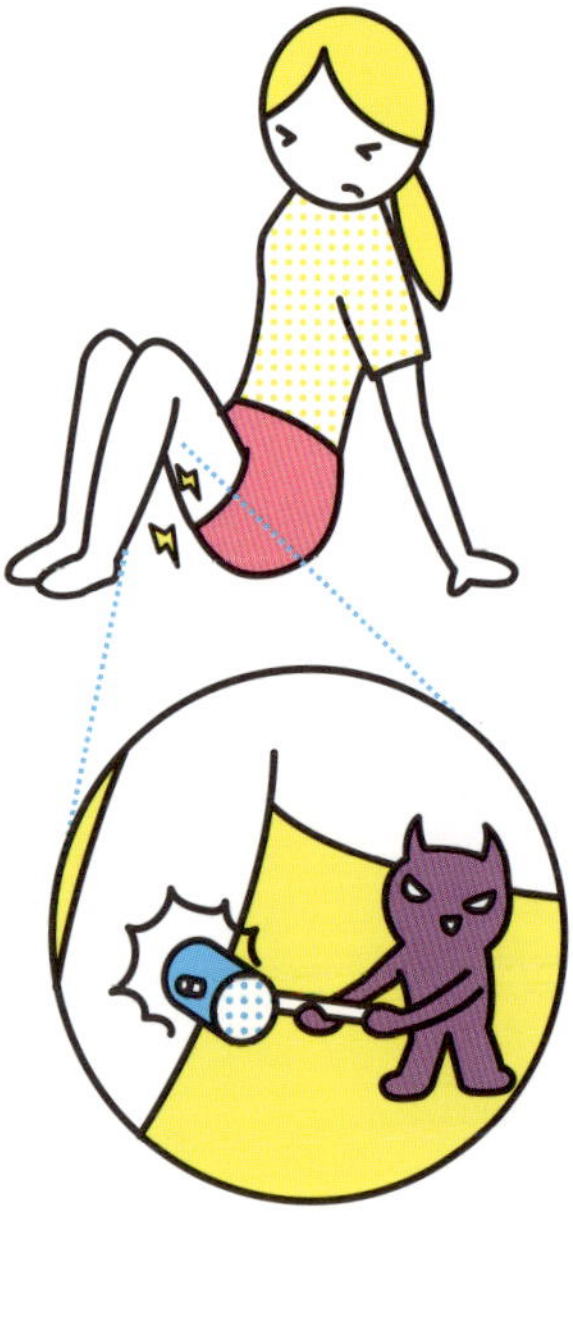

シンスプリントという脛の障害は、ビギナーに多いランニング障害の1つです。脛の内側（目安として、内側のくるぶしの12～20㎝上）が脛骨に沿って痛むのが特徴で、初期は運動後に痛みが表れ、触ると強い痛みが走ります。悪化すると、走っているときにも痛み、安静

痛みを予防するストレッチ&トレーニング

前脛骨筋 STRETCH ▶▶▶ P.128

後脛骨筋 STRETCH ▶▶▶ P.129

ヒラメ筋・腓腹筋 STRETCH ▶▶▶ P.136,P.137

予防策は、前脛骨筋、後脛骨筋のストレッチを行うこと。ハムストリングス、下腿三頭筋（ヒラメ筋・腓腹筋）、などの柔軟性も高めよう。練習後のアイシング（20ページ参照）も効果的。

痛みの原因

- 繰り返しのランニングやジャンプを過度に行う。
- 運動量、運動時間、頻度が多く、内容もハード過ぎる。
- 下肢のアライメント異常（O脚、回内足《ないかいそく》、扁平足《へんぺいそく》など）
- 股・膝・足関節の柔軟性が低下している。
- 足関節が硬く可動域が制限されている。
- 足底のアーチが高いのに、柔軟性が低い。
- 硬い路面を走っている。
- ソールが薄く、硬いシューズを履いている。
- 足関節や下腿三頭筋の柔軟性足りない。
- 後脛骨筋の筋力が足りない。

時でも痛みが伴うこともあります。脛骨疲労骨折と症状が似ていますが、痛みの範囲はより広範囲に及びます。

足首の屈伸運動をするのに使われる前脛骨筋《ぜんけいこつきん》と後脛骨筋《こうけいこつきん》は、脛骨の骨膜に付着していますが、これらの筋肉が酷使され過度な負荷がかかると、その負荷が骨膜を引き剥がそうとする力になり、炎症や痛みが生じます。

足裏のアーチが着地衝撃をうまく吸収してくれなかったり、足首の動きが硬かったりするのもシンスプリントの原因になります。また、下腿三頭筋の柔軟性不足が原因のこともあります。

脚の脛の痛み

予防ストレッチ①

STRETCH 前《ぜん》脛《けい》骨《こつ》筋《きん》

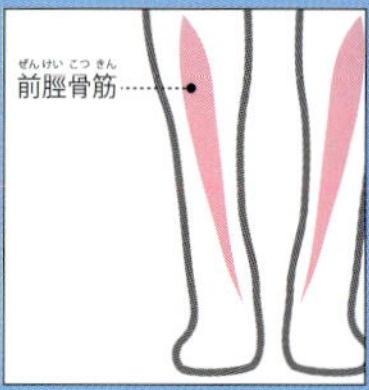

POINT
きつい場合は片脚ずつ行うこと

POINT
足の甲をしっかり床に着けて足首からしっかり伸ばす

1 ストレッチポールに脚を乗せる

正座をして、ストレッチポールに両脚の脛を乗せてキープする。

この姿勢で
30秒
左右

POINT
クッションなどを代わりに用いてもOK

簡単アレンジ編　正座し片膝を持ち上げる

ストレッチポールを外して、正座した状態から、片方の脚の膝を同じ側の手でつかみ、軽く持ち上げる。

この姿勢で
30秒
左右

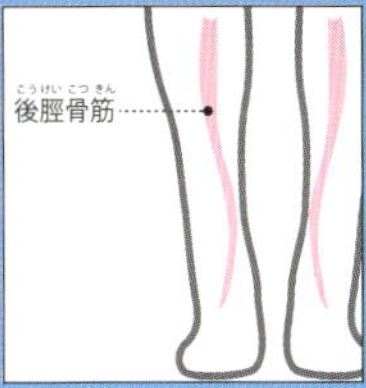

脚の脛の痛み
予防ストレッチ②
STRETCH 後《こう》脛《けい》骨《こつ》筋《きん》

追加で行いたい予防ストレッチ

ハムストリングス …P.118　腓腹筋・ヒラメ筋 …P.74,P.75

1 ストレッチバンドをかけて脚を上げる

仰向けになって、片方の脚の足裏にストレッチバンドをかける。バンドの左右の端を持って、バンドをかけた脚を真上に上げる。

2 バンドを引いて足を外側に

脚の外側のバンドを引っ張って、足を外側に向けてキープする。

この姿勢で30秒 左右

3 バンドを引いて足を内側に

脚の内側のバンドを引っ張って、足を内側に向けてキープする。

ふくらはぎの痛み

Karte 18

「疲労の蓄積で硬くなることが痛みの原因に」

症状

突然ふくらはぎに叩かれたような痛みがあり、その直後から力が入らなくなる。

診断

「下《か》腿《たい》三《さん》頭《とう》筋《きん》肉《にく》離《ばな》れ」が疑われる。

地面を蹴り出すときにふくらはぎの筋肉が伸びるが、この動作が強かったり、伸張可能な範囲を超える張力が加わると、筋線維の断裂が生じる。

下腿三頭筋はふくらはぎにある筋肉で、腓腹筋《ひふくきん》とヒラメ筋からなります。腓腹筋は、内側と外側とに分かれていて、ふくらはぎの浅層部にあり、膝を曲げたり脚を後ろに蹴り出すときに使われます。また、ヒラメ筋は、腓腹筋の奥にあり、主に足首を伸ばすのに使われる筋肉です。

痛みを予防するストレッチ&トレーニング

ヒラメ筋 STRETCH ▶▶▶P.136

腓腹筋 STRETCH ▶▶▶P.137

予防策は、ヒラメ筋、腓腹筋のストレッチを行うこと。足首が硬いのも原因に考えられるので、足首周りもよく伸ばしておこう。練習後のアイシング（20ページ参照）も効果的。

痛みの原因

- オーバーワーク（走り過ぎ）。
- 膝関節が硬い。
- 足首が硬く、足の甲の側に曲げられない。
- 過去にアキレス腱の炎症や断裂を起こしたことがある。
- 膝関節や足関節の柔軟性が足りない。
- ハムストリングス、下腿三頭筋（腓腹筋・ヒラメ筋）などの柔軟性が足りない。

地面を蹴り出すときに、膝関節がまっすぐに伸びると、下腿三頭筋も伸びます。この動作の勢いが強かったり、下腿三頭筋の伸張可能範囲を超える張力が加わったりすると、下腿三頭筋の筋線維に断裂が生じます（肉離れ）。下腿三頭筋に肉離れが起きると、その瞬間にふくらはぎを叩かれたような衝撃を感じ、その直後から痛みがあり、力を入れにくくなります。時間がたつと、皮下出血も見られます。

疲労が蓄積することで硬くなりやすく、肉離れを起こしやすいので、ストレッチ、アイシングなどでケアをしましょう。

脚がむくんで腫れる痛み

Karte 19

走り過ぎの脚のむくみには要注意！

症状

速く走ったり、長時間走ったりしたときに、足部がむくんだように腫れ、しびれる。

診断

「下腿《かたい》コンパートメント症候群《しょうこうぐん》」が疑われる。

下腿は4つの小さい区域に区画（コンパートメント）されているが、打撲や骨折をきっかけに、区画内の内圧が上がり、筋肉内の血行障害が起こる。

下腿（膝から足首まで）は筋膜などで4つの区画（コンパートメント）に分けられています。各区画は小さいので、スポーツ時のケガや交通事故などによって打撲や骨折、脱臼などをすると、各区画内の内圧が上昇しやすく、内圧が上がると、筋肉内の細動脈の血行障害が引

痛みを予防するストレッチ&トレーニング

ヒラメ筋 STRETCH ▸▸▸ P.136

腓腹筋 STRETCH ▸▸▸ P.137

予防策は、ヒラメ筋、脛骨筋のストレッチを行うこと。足底部や下腿三頭筋も重点的に伸ばして柔軟性を高めよう。練習後のアイシング（20ページ参照）も効果的。

痛みの原因

- 打撲や骨折、脱臼などをきっかけとした急性例が多い。
- 走行距離が多い。
- 足底部や下腿三頭筋（腓腹筋、ヒラメ筋）の柔軟性が足りない。
- 後脛骨筋の筋力が足りない。

き起こされます。そのため、下腿や足部がむくんだように腫れ、痛みやしこり、しびれなどが生じるのです。筋肉や神経が壊死して、機能障害を起こす障害でもあり、急激な痛みや腫れ、患部の変形が見られる場合は、ただちに診察を受けましょう。

スポーツでは、ラグビーや格闘技、スキーなどで打撲した場合などの急性例が多いのですが、慢性例では陸上競技の長距離などで見られ、主にオーバーワーク（走り過ぎ）が原因で起きています。走行距離が多い方は、しっかりと下腿と足部のケアを行いましょう。

アキレス腱周辺の痛み

Karte 20

「痛みを放置すると慢性化する」

症状

走り出したときにアキレス腱の周辺に擦れるような、引っかかるような痛みがある。

診断

「アキレス腱炎《けんえん》・アキレス腱周囲炎《けんしゅうへんえん》」が疑われる。

ランニング中に、下腿三頭筋と踵とをつなぐアキレス腱に負荷がかかり、微細な部分断裂を起こし、炎症・痛みが起こる。

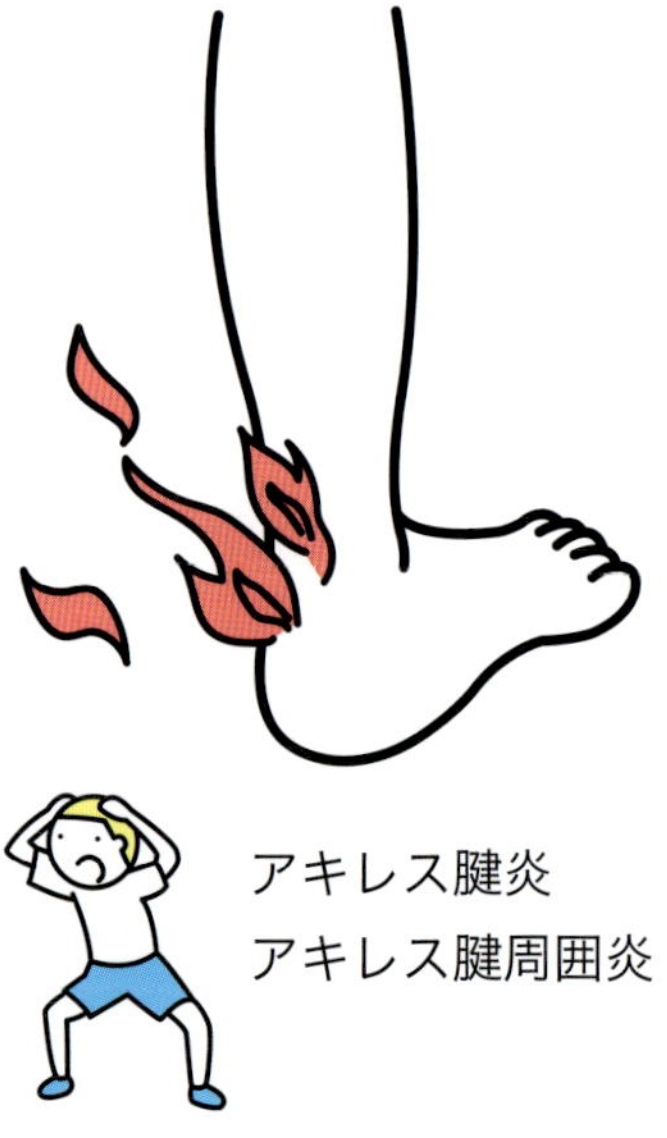

アキレス腱は、足首の後ろにあり、下腿三頭筋とかかとをつなぐ太い腱。足首から先を動かす役割を果たしており、ランニングにはとても重要です。このアキレス腱自体が痛む場合は**アキレス腱炎**、アキレス腱の周辺が痛み、アキレス腱全体が腫れている場合には、**アキレス**

痛みを予防するストレッチ&トレーニング

ヒラメ筋 STRETCH ▸▸▸P.136

腓腹筋 STRETCH ▸▸▸P.137

予防策は、ヒラメ筋、腓骨筋のストレッチをすること。痛みを放置すると慢性化する可能性が高いので、初期段階でしっかりケアしよう。練習後のアイシング（20ページ参照）も効果的。

痛みの原因

- ストライドが大きい走り方をしている。
- 着地時に、かかとが内側への倒れ込む（オーバープロネーション）。
- ソールがすり減ったシューズを履いている。
- クッション性が小さい、硬いシューズを履いている。
- アップダウンが多いコースを走っている。
- 下腿三頭筋（腓腹筋・ヒラメ筋）の柔軟性が足りない。
- ハムストリングスや後脛骨筋の筋力が足りない。

腱周囲炎が疑われます。下腿三頭筋の柔軟性が不足していたり、足首の後脛骨筋《こうけいこつきん》の筋力が不足していたりすると、アキレス腱に負荷がかかり、微細な部分断裂が起き、炎症・痛みが生じます。これがアキレス腱炎。アキレス腱を包むパラテノンという膜に炎症が起きるのがアキレス腱周囲炎です。オーバーユースが主な原因ですが、スピードを出して走ると特に痛みます。

痛みを放置しておくと、慢性化し日常生活でも常に痛むようになり、さらにアキレス腱断裂や下腿三頭筋肉離れにもつながるので、安静が必要です。

ふくらはぎの痛み／脚がむくんで腫れる痛み／
アキレス腱周辺の痛み

Karte 18
Karte 19
Karte 20

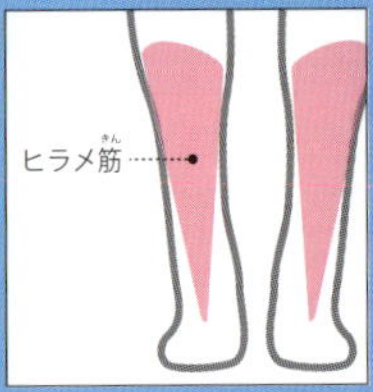

予防ストレッチ①
ヒラメ筋
STRETCH

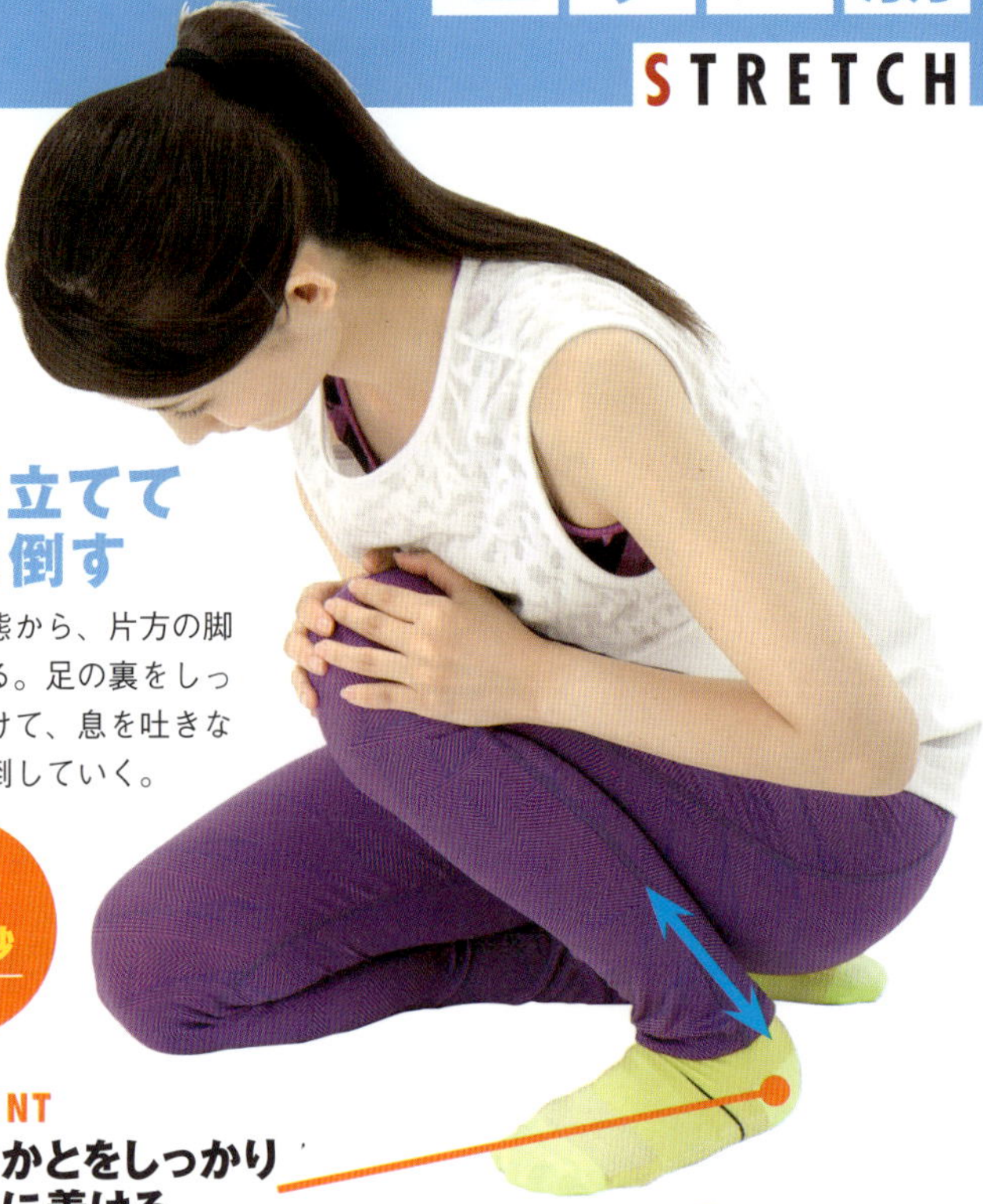

1 片膝を立てて上体を倒す

正座した状態から、片方の脚の膝を立てる。足の裏をしっかり床に着けて、息を吐きながら上体を倒していく。

この姿勢で30秒 左右

POINT
かかとをしっかり床に着ける

簡単アレンジ編

長座してストレッチポールにふくらはぎを乗せ、ふくらはぎを軽く圧迫してから行うと効果的。

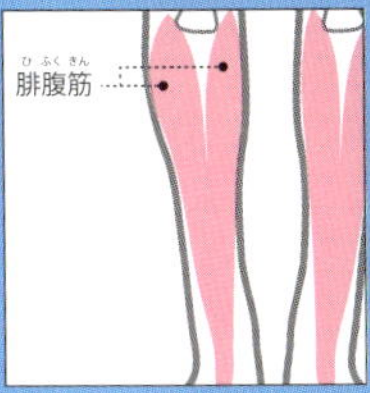

ふくらはぎの痛み／脚がむくんで腫れる痛み／アキレス腱周辺の痛み

予防ストレッチ②
腓腹筋《ひふくきん》STRETCH

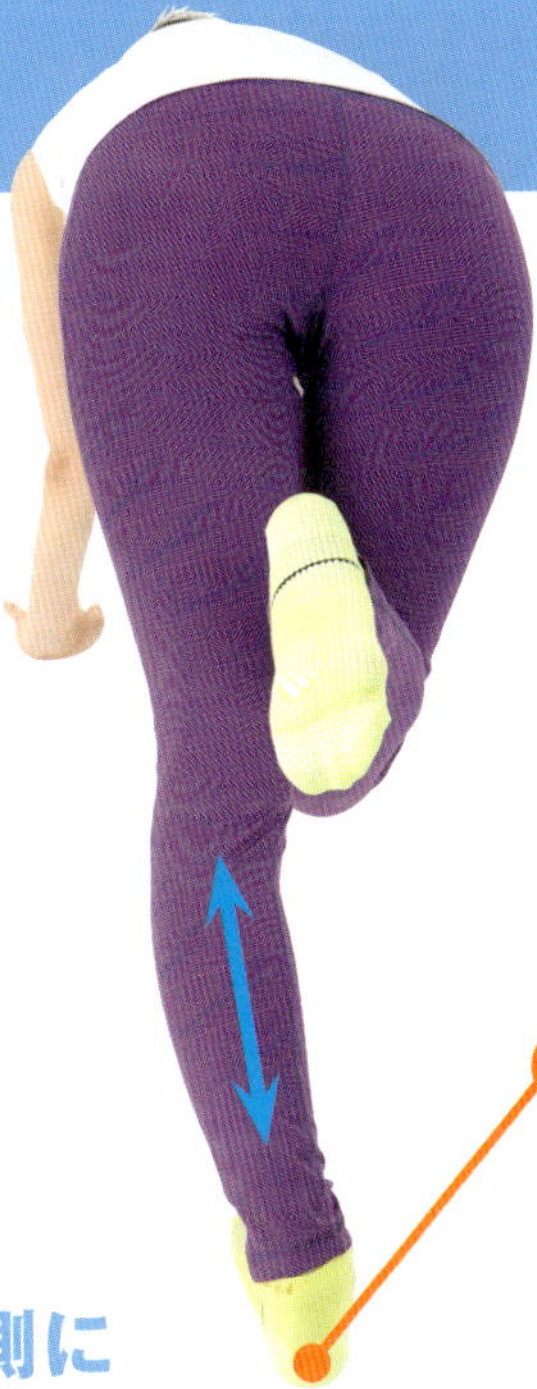

1 四つん這いで片脚を浮かせる

両手、両足を床に着いた状態から、片方の脚を浮かせる。もう一方の脚は、かかとをしっかりと床に着けたまま、膝をゆっくり伸ばしてキープする。片脚が終わったら、もう一方の脚も同様に行う。

POINT
かかとをしっかり地面に着ける

2 つま先を内側・外側にキープする

つま先を内側に向けて30秒キープしたら、今度は外側に向けて30秒キープする。これを左右の足で繰り返す。

横から見た姿勢
（写真は、つま先を内側に向けた状態）

この姿勢で30秒左右

COLUMN 5

静的ストレッチと動的ストレッチを上手に使い分ける

ストレッチとは筋肉を伸ばすコンディショニング法のことですが、コラム１でも触れたように、大きく分けると静的ストレッチと動的ストレッチとがあります。皆さんがストレッチと聞いて思い浮かべるのは、おそらく静的ストレッチのほうでしょう。

静的ストレッチは、反動を使わないで筋肉を静かに伸ばし、筋肉の柔軟性を上げるストレッチのこと。運動直後の筋肉は、酸素や栄養素が不足し硬くなっていきます。放っておくと障害の原因にもなります。それを予防するのが静的ストレッチです。アメリカスポーツ医学会では「週３～４回、３カ月以上継続することで、多くの人に柔軟性の向上が見られる」とされており、走り終えた直後の体が温まっているうちに取り組むことで、筋肉の血流が改善され、柔軟性を取り戻せます。一方、動的ストレッチは、文字通り体を動かすストレッチで、体の動きを滑らかにすることが目的。ラジオ体操や、サッカー選手が行うブラジル体操がその一例ですが、血液の循環が良くなるので、走る前のウォーミングアップに取り入れるのもいいでしょう。勢いよくやるとケガにつながるので、小さな動きから徐々に大きな動きへと腕や脚を動かしてみましょう。

PART
6

今さら聞けない
ランニングケアQ＆A

ランナーの皆さんから寄せられてケアに関する
さまざまな疑問やお悩みに著者が答えました！

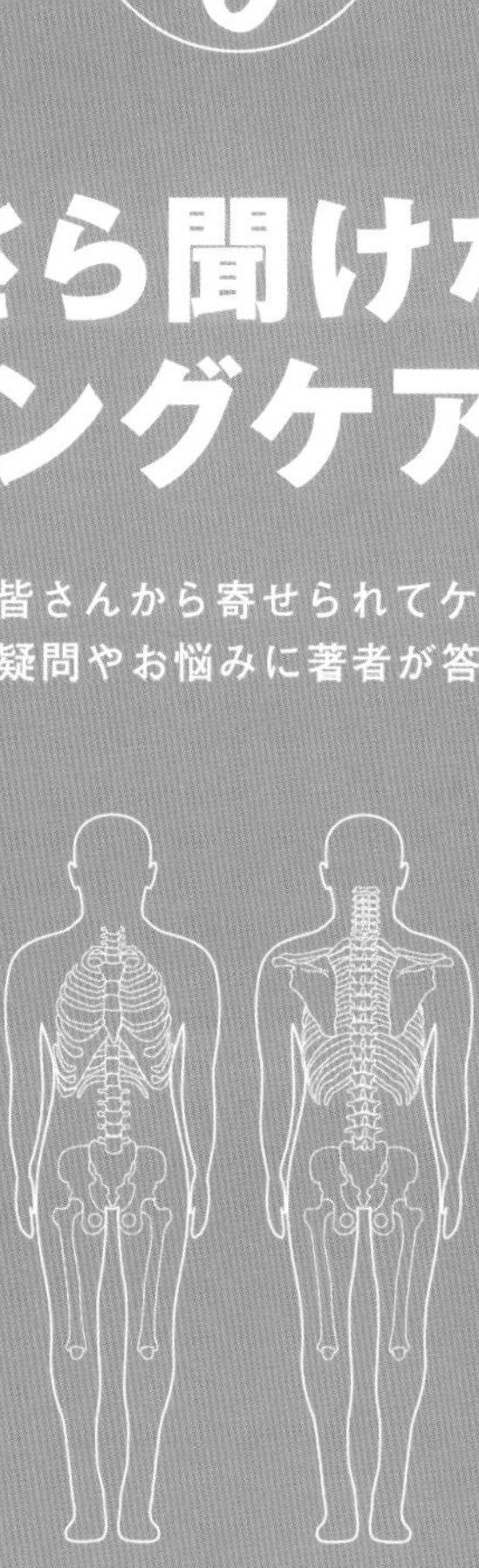

Q

**ランニングの習慣が
原因のケガもあると
思いますが、
普段の生活習慣で
気をつけることは
ありますか？**

A

**仕事のパソコン作業
などで背中がガチガチな
方も多いでしょう。
仕事の休憩時間にも
簡単なストレッチを
取り入れてみましょう。**

普段何気なくとっている姿勢が、ランニングのフォームに悪影響を及ぼすことは大いにあります。例えば、デスクワークをしている方は猫背になっていたり、長時間座り続けていませんか？

走っている時間よりも、普段の生活を送っている時間のほうが圧倒的に長く、筋肉のバランスに深く関わっています。ランニング時に背筋をまっすぐに伸ばせなかったり、重心のバランスが悪かったりする場合、日常生活に原因がある場合は多いようです。リフレッシュも兼ねて、同じ姿勢を長時間とり続けないようにしましょう。２時間に１回は椅子から立ち上がったり、ストレッチをしたりしましょう。また、普段からそういう姿勢にならないように意識を持つことも大切ですが、筋力が弱いために自然にそうなっている可能性もあります。例えば、猫背になりがちなのは背筋が弱いことも原因の１つとして考えられます。

走ること以外の運動をして、普段使っていない筋肉を使うことも、ランニング障害の予防になります。ちょっとした空き時間を利用して、ストレッチや筋力トレーニングに取り組んでみることはもちろんですが、例えば、エレベーターやエスカレーターをなるべく使わずに、階段の上り下りをするだけでも、大腿四頭筋やハムストリングスを鍛えることができます。また、息が弾むので心肺機能の強化にもなります。その他にも、パート１でも触れている通り、食事や睡眠にも気を使いましょう。

Q

痛みがあっても
だましだまし
走っています。
走力を維持するために
他にどんなことが
できますか？

A

故障を押して
走っているうちは
治ることはありません。
走りたい気持ちは
わかりますが
患部を休ませましょう。

そもそも、“だましだまし走る”とはどういう意味ですか。「走りながら治します」などと言う人もいますが、故障を押してまで走っているうちは治ることはありませんし、回復を余計に長引かせるだけです。また、ちょっとよくなったからといって、いきなり練習量を増やすのもＮＧです。故障を繰り返し、最悪の場合、いずれ走れなくなる恐れもあります。ランナーの皆さんの「走りたい」という気持ちは重々理解できますが、痛みが出たときは患部に負担をかけないようにしましょう。

では、ケガをしているときにはどんなことをすればいいか。走ることができなくても、“走るため”にすべきことはたくさんあります。例えば、水中ウォーキングや水泳などは、心肺機能の維持に役立つだけでなく、水中は浮力や水圧、抵抗などがあり、陸上とは違った効果で普段とは違う筋肉の使い方ができます。また、水泳であれば、腕を使う動作なので、首や肩周辺のケアにもなります。痛めた箇所にもよりますが、自転車もオススメです。地面からのダイレクトな衝撃がないので、足首や足部などに負担をかけずに心肺機能を維持させることができます。

痛めている箇所以外の、筋力トレーニングやストレッチに取り組むのもいいと思います。また、走り始めた目的が減量ならば、摂取カロリーに気をつけて、ウォーキングや水泳、ジムのステップマシンなど、可能な範囲の運動を継続したほうがいいでしょう。

Q

**レースが続く秋冬。
フルマラソンを
走ったあとは
次の大会に向けて
どんなケアを
すればいいですか？**

A

**マラソン後は
最低でも3週間は
心身の休養期間を
置くことが大切です。
ストレッチなどを中心に
しっかりケアを。**

公務員ランナーの川内優輝選手は、レースを練習と見立てて毎週末のようにレースに出場しますが、これを皆さんが真似するのは推奨できません。トレーニングには“個別性の法則”というものがあり、誰もが川内選手の真似をして速くなれるわけではないからです。むしろ市民ランナーの方々にとっては、スポーツ障害のリスクが高くなるだけ。昨今のランニングブームで思うようにレース計画を組めないという事情があるかもしれませんが、マラソン後は最低でも３週間は休養期間を設けてほしいです。その間はストレッチなどのケアを。どうしても走りたい人は、負荷を落として軽いジョグや5km程度のペース走に留めておきましょう。

マラソンを走った直後は、特に痛みを感じていなくても、実際は筋線維の炎症や、毛細血管が破れ小規模な内出血が起きています。急性のスポーツ障害なので、足裏、ふくらはぎ、太もも、お尻などを中心に、痛みや熱がある箇所は特に、アイシングをしましょう。また、湯船にのんびり浸かって、風呂上がりにストレッチをする人もいますが、５kmや10kmなど短い距離はともかく、マラソンなど長い距離を走った直後は長湯もストレッチもＮＧです。急性の炎症が起きている時に、患部を温めたり、ストレッチで伸ばしたりすると、炎症が余計にひどくなります。マラソン後の筋損傷は48～72時間後に回復するので、レース後はシャワーだけにし、２、３日後からストレッチを再開しましょう。

Q

**ケアの重要性は
分かっているのですが、
走るだけで精一杯です。
走る時間を削ってでも、
取り組んだほうが
いいのでしょうか？**

A

**答えはYESです。
走る量とパフォーマンスは
必ずしも比例しません。
記録が頭打ちに
なっているランナーは
視点を変えましょう。**

市民ランナーの皆さんにとって、なかなか悩ましい問題でしょう。日常生活の合間を縫って、走る時間を確保することさえ四苦八苦しているのに、そこにケアの時間を組み入れるのですから当然です。ですが、結論から言えば、答えはYESです。

その理由の１つは、走る量とパフォーマンスとが必ずしも比例するわけではないからです。もちろん42.195kmもの距離を走り切るにはある程度距離を踏むことは必要ですし、ビギナーであれば、走れば走るほど走力もアップするでしょう。ですが、月間走行距離が200kmを超えると故障発生率がぐんと上がると言われており、故障に悩んでいる中・上級者が多いのが現実。走る量が増えれば、その分ケアも必要です。また、そもそも“走り過ぎ”が故障の原因。月間走行距離にとらわれるランナーは多いですが、距離信仰は自己満足でしかありません。特に、記録が頭打ちになっているランナーは、ケアに重きを置いてみてください。

もちろん、ビギナーにとってもケアは大切です。そもそも走り始めたばかりの時期は、走るための筋力や柔軟性が不足しており、ケガのリスクが高い状態です。筋力トレーニングやストレッチをして、走るための準備を整えてください。

また、早い段階でケアの習慣が身につくと、将来的にも役立ちます。走るだけが練習ではありません。長く走り続けるためにも、ケアの時間を確保しましょう。

Q

過去に様々な箇所の
ケガをしています。
すべてのストレッチは
なかなかできません。
優先順位の立て方を
教えてください。

A

自分が障害を
起こしやすい部位に
ポイントを絞って
ストレッチしましょう。
1日2箇所に絞って
ローテーションでもOK。

理想を言えば、ランニングは下肢中心の全身運動なので、全身の筋肉を一通りストレッチできるのが一番いいのですが、そうすると、相当な時間がかかってしまいます。いつでもどこでも手軽にできるのがストレッチのいいところなのに、あまりに多くの時間を割かれると、面倒になってストレッチ自体をやらなくなってしまいます。そうなっては意味がありません。そうならないために、短時間で効率よく済ませたいものです。

そういうときは、自分が障害を起こしやすい部位（硬い部位）にポイントを絞ってストレッチしましょう。複数箇所ある場合は、今日は脛と膝周り、明日は太ももと足底、などと、１日に２箇所程度だけにしておき、ローテーションを組むのがいいと思います。

また、気持ちがいいからといって、伸びやすい部位ばかりをストレッチしていると、柔軟性が不足し硬くなっている部位が疎かになってしまいます。硬い部位を伸ばすのはなかなか大変ですが、全身のバランスを整える意味でも、硬い部位を優先させましょう。

意外に、疎かにされがちなのが足底です。ふくらはぎや太ももが張っていると気になりますが、足底はなかなかケアをしている人が少ないようです。ですが、足底はダイレクトに着地衝撃を受けているので、知らず知らず酷使されて、疲労が溜まっています。足底筋膜炎がランナーに多いのもそのためでしょう。忘れずにケアしてください。

Q

フルマラソンで
30㎞を過ぎると
毎回といっていいほど
両脚がつってしまいます。
良い対策があれば
教えてください。

A

原因ははっきりとは
分かっていませんが、
最も多いのが水分不足。
ミネラルを含んだ
スポーツドリンクや
補給食を口にしましょう。

脚がつることを専門用語で筋痙攣《きんけいれん》といいます。筋肉は運動神経の刺激を受けると縮み、刺激がなくなると緩んで元の長さに戻ります。ですが、刺激がないのにもかかわらず、筋肉が収縮し続けるのが筋痙攣です。ハードな練習時やマラソンの後半に、ふくらはぎや太ももの前、後ろなどをつったことがあるランナーは多いと思いますが、筋痙攣の原因ははっきりとはわかっていません。いくつか考えられる原因のうち、最も多いのが水分不足。また、ナトリウムやカリウム、マグネシウム、カルシウムなどのミネラルが不足すると、体内のイオンバランスが崩れ、脚をつりやすくなります。エイドでは、汗で失った分の水分の補給はもちろん、ミネラルを含んだスポーツドリンクや補給食を口にしましょう。

また、靴ひもをきつく締めすぎることも血行不良を招き、筋痙攣の原因になります。筋肉が冷えるのも血行が悪くなるので同様。寒い日は特にウォーミングアップをじっくり行いましょう。筋肉の柔軟性や筋力が不足していても、疲れが溜まりやすくなり、筋痙攣も起きやすくなります。

レース中に起きた場合は、時間がたつと自然に治りますが、痙攣しているときにマッサージは厳禁です。刺激を与えると余計に治りにくくなります。また、アイシングも筋肉が硬くなるのでＮＧ。痙攣した時は温めるのが正解。筋痙攣が収まったら、再度起きないようにストレッチをしましょう。

Q

ランニング障害には
シューズが原因のものも
多くあるようですが
シューズを買い換える
目安があれば
教えてください。

A

メーカーによって
基準は様々ですが、
600〜800㎞程度の
走行距離が
買い替えの
目安のようです。

シューズのソールは、外側からアウトソール、ミッドソール、インソールと三重構造になっています。アウトソールは靴底、インソールはシューズの中敷、その中間にあるのがミッドソールです。

アウトソールは、直接路面と接するので、ゴムなどの耐久性のある硬い素材でできています。一般的に、アウトソールが擦れてミッドソールが露わになったときが買い替えどきと言われています。アウトソールの一部が極端に磨り減ったまま履き続けると、走りのバランスが崩れてしまいます。

見落としがちなのが、ミッドソールのへたりです。ミッドソールには、衝撃吸収性や反発性など様々な機能を持ったパーツが組み込まれているのですが、スポンジのような柔らかい素材で作られているので、ものによっては消耗度が大きいものもあります。着地と蹴り出しで、圧縮と復元が繰り返されるうちに、その機能も低下し、硬くなっていきます。ミッドソールが薄くなったり、横ジワが入ったりしたら、交換のタイミングです。ミッドソールがへたり、衝撃吸収性が失われると、着地衝撃をダイレクトに体が受けることになります。また、各パーツはゴム素材でできていますので経年劣化します。買い置きしていたものやバーゲン品にも注意する必要があります。

最近はソールの素材も変わってきています。メーカーによって基準は様々で一概に言えませんが、600 ～ 800㎞程度が買い替えの目安のようです。

悩み別INDEX

おわりに

ケア・コンディショニング・リカバリー。近年これらの言葉が、スポーツの現場において多く使われるようになりました。一見同義にも取れるこれらの言葉ですが、じつは明確な違いがあります。

【ケア】…注意・用心する
【コンディショニング】…調整すること
【リカバリー】…取り戻すこと、回復・復旧すること

（デジタル大辞泉）

これらのうち、本書は【ケア】に重点を置いています。つまり、本書の中で紹介しているストレッチや筋トレは、回復させるために行うというよりも、今後のケガなどに対する用心のために行うべきことなのです。なぜ【ケア】に重点を置くのか？　それは、故障してしまってから回復・復旧させるのは、とてもつらく、大変なことだからです。

私たちフィジカルトレーナーは、フィジカルを強化する、強い体作りをする専門家です。強い体になれば、パフォーマンスがアップするだけでなく、故障もしにくくなります。また、筋肉を多くつけることだけでケガが予防できるのではなく、その筋肉をケアし続けることで、より一層ケガをしにくい体ができ上がります。その状態を何年も現状維持させることもまた、私たちの仕事なのです。結果が見えにくいため、あまり感謝されない仕事でもあります。ケガを治してくれるドクターや治療家と呼ばれる方々のほうが感謝されており、ときどき羨ましくも感じます(笑)。

この本は、あなたの体をケガから守ってくれることでしょう。とは言え、本には限界があります。本来であれば、一人ひとりの状態を確認して適切な処方を出したいところです。ぜひ、自分に適切なアドバイスをしてくれるフィジカルトレーナーを探し、出会ってください。きっと生涯のよきパートナーになってくれると思います。

中野ジェームズ修一

【監修】

中野ジェームズ修一（なかの・じぇーむず・しゅういち）

1971年生まれ。フィジカルトレーナー、フィットネスモチベーター®。米国スポーツ医学会認定エクササイズフィジオロジスト（運動生理学士）。アディダス契約アドバイザー。日本では数少ないメンタルとフィジカルの両面を指導できるトレーナー。現在は、卓球の福原愛選手やバドミントンの藤井瑞希選手のトレーナーを務めつつ、青山学院大学陸上競技部（長距離ブロック）のフィジカル強化指導も担当。講演会も全国で精力的に行っている。主な著書に、『世界一やせる走り方』『世界一伸びるストレッチ』（サンマーク出版）、『青トレ 青学駅伝チームのコアトレーニング＆ストレッチ』（徳間書店）などがある。

有限会社スポーツモチベーション
www.sport-motivation.com

【著者】

佐藤基之（さとう・もとゆき）

1974年生まれ。フィジカルトレーナー、フィットネスモチベーター®。ブラジルサンパウロ州アルタ・アララクアレンセ体育大学卒業。個人・法人・子供～高齢者と一般向けに幅広く指導。その傍ら中野ジェームズ修一と共に青山学院大学陸上競技部（長距離ブロック）のフィジカル強化指導をチーフトレーナーとしてサポート。現在は、陸上の神野大地選手（青山学院大学→コニカミノルタ）の専属としても活動。書籍の構成や監修、一般向けスポーツの楽しさを伝えるイベント、指導者向け講習会なども精力的に行っている。早稲田大学エクステンションセンター、たかの友梨美容専門学校などで活躍中。

【モデル協力】

加藤美穂
（株式会社オスカープロモーション所属）

佐野佑太
（株式会社オスカープロモーション所属）

構成・文 ……………… 和田悟志
装丁 …………………… 井上新八
本文デザイン ……… 寒水久美子
写真 …………………… 魚住貴弘
イラスト ……………… 大野文彰
DTP ………………… 株式会社ライブ

モデル ………………… 加藤美穂
佐野佑太
モデル協力 ………… 株式会社オスカープロモーション

衣装協力 …………… アディダス ジャパン株式会社
TEL 0120-810-654
(アディダスグループお客様窓口)

撮影協力 …………… 有限会社スポーツモチベーション
古谷有騎

編集 …………………… 廣瀬萌詩(カンゼン)

一流ランナーは必ずやっている!
最高のランニングケア

発 行 日　2016年12月5日 初版
2019年2月15日 第3刷 発行

監 修　中野ジェームズ修一
著 者　佐藤基之
発 行 人　坪井義哉
発 行 所　株式会社カンゼン
〒101-0021
東京都千代田区外神田2-7-1 開花ビル
TEL 03(5295)7723
FAX 03(5295)7725
http://www.kanzen.jp/
郵便振替 00150-7-130339

印刷・製本　株式会社シナノ

ISBN 978-4-86255-373-7
Printed in Japan
定価はカバーに表示してあります。

ご意見、ご感想に関しましては、
kanso@kanzen.jpまでEメールにてお寄せ下さい。
お待ちしております。

カンゼンのスポーツBOOK

1日10分も走れなかった私が フルマラソンで3時間を切るためにしたこと

鈴木莉紗 著　平塚潤 監修
定価:1,500円+税

陸上未経験・走歴1年半でフルマラソン3時間切りを達成した話題の市民ランナー鈴木莉紗が“サブスリー達成メソッド”を公開。

フルマラソンを最後まで歩かずに 「完走」できる本

鈴木莉紗 著
定価:1,500円+税

『ランナーズ』の表紙モデルを務めて話題を集めた鈴木莉紗によるシリーズ第二弾本。フルマラソンを歩かないで完走する極意を伝授。

「走り」の偏差値を上げる マラソン上達ノート

松本翔 著
定価:1,500円+税

東大卒最速市民ランナー・松本翔が自己ベスト更新のためのヒントを徹底解説。“自分で考える賢い練習法”がタイムを縮める！

トレイルランナー ヤマケンは笑う 僕が170kmの過酷な山道を“笑顔”で走る理由

山本健一 著
定価:1,500円+税

公立高校で教師を務めながら、国内外のレースで結果を残し続けるトレラン界のトップアスリート“ヤマケン”が笑顔で走り続ける理由とは？

DVDで簡単レッスン! 健康力を上げるスロージョギング

田中宏暁 著
定価:1,600円+税

減量効果・体力アップ・メタボ改善・アンチエイジング効果があるスロージョギング走法をDVDでわかりやすく解説！